Cómo Organizar un Presupuesto

Cómo Organizar un Presupuesto

Brette McWhorter Sember
Abogada

SPHINX® PUBLISHING
AN IMPRINT OF SOURCEBOOKS, INC.®
NAPERVILLE, ILLINOIS
www.SphinxLegal.com

Primera Edición, 2005

Publicado por: **Sphinx® Publishing, Impresión de Sourcebooks, Inc.®**

<u>Naperville Office</u>
P.O. Box 4410
Naperville, Illinois 60567-4410
630-961-3900
Fax: 630-961-2168
www.sourcebooks.com
www.SphinxLegal.com

Esta publicación está destinada a proporcionarle información correcta y autorizada respecto a los asuntos cubiertos. Se vende entendiéndose que la editorial no se compromete a suministrar servicios legales o contables, ni ningún otro tipo de servicios profesionales. Si se requiere asesoramiento legal u otro tipo de consulta profesional, se deberán contratar los servicios de un profesional competente.

De una Declaración de Principios aprobada conjuntamente por un Comité de la Asociación Americana de Colegios de Abogados y un Comité de Editoriales y Asociaciones

Este libro no reemplaza la ayuda legal.
Advertencia requerida por las leyes de Texas.

Library of Congress Cataloging-in-Publication Data
Sember, Brette McWhorter, 1968-
  Como organizar un presupuesto / by Brette McWhorter Sember.
    p. cm.
  ISBN 1-57248-463-2 (pbk. : alk. paper)
  1. Finance, Personal. 2. Budgets, Personal. 3. Consumer credit. I. Title.

HG179.S4216 2005
332.024--dc22
                                            2005024806

Printed and bound in the United States of America.

VP — 10 9 8 7 6 5 4 3 2 1

Sumario

Capítulo 1

Preparación de un Presupuesto

Un presupuesto es una manera de organizar sus gastos e ingresos a fin de prever la cantidad de fondos de la cual usted dispondrá y los fondos que tendrá que desembolsar. Usted se dará cuenta de que si le resulta difícil ver donde va a parar su dinero, tendrá que llevar un control de sus gastos reales. Mantenerse en un presupuesto es difícil, pero impreativo. Afecta la vida completa y por eso, hay que poner el esfuerzo de controlar lo que hace con su dinero.

Un presupuesto es la herramienta más importante que usted puede utilizar si intenta mejorar su situación económica y financiera. Un presupuesto le permitirá a usted comprender claramente dónde va su dinero y controlar el dinero disponible.

¿Por qué se debe Elaborar un Presupuesto?

Un presupuesto es la herramienta económica fundamental. Ayuda a calcular el total del dinero del cual usted dispone para gastar, cuánto puede desembolsar en rubros no esenciales y calcular cuándo recibirá dinero. El presupuesto le brinda un plan y un esquema visual sobre cómo usted utilizará su dinero. El presupuesto le deja muy poco margen para comprar por impulso y lo ayuda a cumplir sus objetivos financieros. El presupuesto es la manera de suscribir un contrato financiero con uno mismo.

Preparación del Presupuesto

Utilice el PRESUPUESTO incluido al final de este capítulo. (Véase página 13.) Haga varias fotocopias del mismo, le harán falta para preparar las previsiones presupuestarias y los presupuestos reales para cada mes.

➡ Anote todos sus gastos fijos habituales como alquiler o hipoteca, electricidad, gas, teléfono, televisión por cable, etc.

➡ A continuación calcule el costo promedio mensual de rubros esenciales tales como gasolina, alimentación, ropas, etc.

➡ Acto seguido complete los gastos no esenciales, como entretenimiento, comidas en restaurantes, regalos, artículos para decorar el hogar, etc.

➡ Complete el área de los gastos de emergencia. De esta manera podrá ahorrar cierta cantidad cada mes para utilizar en casos de urgencia (si se le avería el carro, por ejemplo) o para entretenimiento (ir al cine, por ejemplo).

➡ Calcule el total de dichos gastos.

➡ Complete la sección del presupuesto dedicada a los ingresos mensuales y calcule el total.

➡ Compare las dos cifras. Si sus gastos son más elevados que sus ingresos, tendrá que efectuar ajustes.

➡ Elimine algunos de los gastos no esenciales. Son los que frecuentemente terminan cargándose a las tarjetas de crédito.

➡ Examine el resto de sus gastos a fin de determinar cuáles pueden recortarse.

Previsión Presupuestaria

Una vez que usted complete el formulario contará con su previsión presupuestaria. Se trata del mejor cálculo posible sobre sus gastos. Es importante crear este formulario para determinar, en su opinión, de qué manera gasta su dinero.

Presupuesto Real

Después de haber calculado su presupuesto tendrá que calcular sus gastos reales. A partir del primer día del mes, utilice el REGISTRO DE GASTOS para asentar cada centavo que usted gasta. (Véase página 17.)

Use un REGISTRO DE GASTOS nuevo para cada semana del mes. Cuando termine el mes, siéntese a revisar sus Registros de gastos y utilícelos para preparar un nuevo formulario de presupuesto. Éste será su presupuesto real y le indicará mensualmente de qué manera está gastando su dinero.

Modificaciones a su Presupuesto

Ahora que ya sabe exactamente dónde va a parar su dinero, vuelva a examinar su previsión presupuestaria mensual. Seguramente usted habrá una suma demasiado baja en algunas áreas y demasiado alta en otras.

Examine detenidamente sus gastos reales y piense en cuáles rubros podrían eliminarse o reducirse. Se quedará sorprendido cuando descubra cuánto dinero se puede ahorrar al disminuir su presupuesto de gastos.

Lleve REGISTROS DE GASTOS cada semana y al final del mes revíselos y prepare un presupuesto indicando el destino de su dinero durante ese mes. No olvide anotar el mes en la parte superior del formulario para poder consultarlo fácilmente.

Es importante recordar que los presupuestos siempre fluctúan. Su cuenta de electricidad puede ser más alta en verano al mantener un ventilador en funcionamiento. Sus gastos de comidas pueden ser menores durante los días festivos si se hospeda usted en casa de familiares. A pesar de las fluctuaciones, es fundamental planificar el destino de su dinero y a la vez incluir suficientes fondos en sus gastos varios (misceláneos) o depositando dinero en una cuenta de ahorros a fin de estar preparado para hacer frente a las fluctuaciones inesperadas.

Al preparar el presupuesto, sería ideal comenzar a principios de cada año y trazar los planes para todo el año. Por ejemplo, si su automóvil tiene demasiados desperfectos, deberá calcular que gastará dinero en reparaciones o quizá en la compra de otro carro. Es posible que usted ya sepa que en agosto comenzará a asistir a clases y deberá ahorrar para la matrícula y los libros. Cuanto antes calcule dichos desembolsos, mejor podrá planearlos y encontrar la manera de ahorrar dinero par cubrirlos.

Si tiene dificultades para completar el formulario del Presupuesto o del Registro de Gastos, o si se da cuenta de que el monto de sus gastos siempre supera el de sus ingresos, usted puede pedirle ayuda al Consumer Credit Counseling (*Servicio de Asesoramiento Crediticio para Consumidores*) a efectos de preparar un presupuesto factible.

Organice sus Datos

A fin de poder presupuestar debidamente y mantener el control de sus finanzas, es menester que organice la información pertinente.

- Localice todas sus cuentas y facturas, estados financieros y comprobantes de pago.

- Cree un archivo separado para cada cuenta, tarjeta de crédito, préstamo, electricidad, teléfono, etc. y otros gastos (tales como cuentas de médicos o de cuidados infantiles). Prepare un archivo por comprobantes de pago y archivos separados para cada cuenta bancaria, certificado de depósito (CD) u otras inversiones o valores que usted posea.

- Utilice archivos individuales o una carpeta expandible dividida en secciones.

- Archive cada papel apenas termine de utilizarlo. Después de pagar una cuenta archívela inmediatamente. Después de cobrar el de su sueldo o salario archive el comprobante de pago.

- Prepare una carpeta separada para guardar los documentos de sus impuestos del año y otra para conservar las garantías (de las tiendas o los fabricantes) de los artículos que usted ha comprado.

- Guarde en una caja fuerte a prueba de incendios los documentos importantes tales como bonos, certificados de nacimiento, tarjetas de seguro social, títulos de bienes raíces y certificados de matrimonio, además de dinero en efectivo y otros artículos valiosos. (Se pueden conseguir cajas fuertes pequeñas para el hogar en tiendas de descuentos o de venta de material para oficinas a menos de $40.) Mantenga la caja fuerte siempre cerrada y guarde la llave en un sitio donde no la pierda.

Pague las Cuentas

Si usted lanza todas sus cuentas en el mostrador de la cocina o en su escritorio a medida que van llegando, es poco probable que se acuerde de pagarlas puntualmente. Deberá implementar un sistema que le facilite el pago de sus cuentas a tiempo. Si se atrasa en los pagos tendrá que pagar multas por dichos retrasos, algo que le conviene evitar a toda costa porque son elevadas y porque influyen negativamente en su nivel de crédito.

- Compre una carpeta o caja para el pago de cuentas mensual. Tienen bolsillos o subdivisiones para cada día del mes, en orden numérico.

- Cuando reciba una cuenta o factura, póngala en el bolsillo correspondiente a la fecha límite en la que debe recibirse el pago.

- Si a usted le descuentan sus pagos de su cuenta bancaria automáticamente, escriba la fecha y la cantidad de la deducción en un papel y colóquelo en la subdivisión que corresponde a la fecha adecuada, de manera que pueda asegurarse de tener suficiente dinero en la cuenta para cubrir el pago.

■ Siempre mantenga un surtido de sellos (estampillas) de correo en la carpeta o caja, o en cualquier sitio en que estén a mano.

■ Siéntese a examinar su organizador semanal uno día dado de cada semana y revise las cuentas pendientes y los plazos de pago.

■ Es importante despachar por correo sus envíos de cheques por lo menos de tres a cinco días antes de la fecha límite para la recepción del pago. Es posible que sus pagos tarden en llegar siete días o más, motivo por el cual es menester remitirlos con el debido tiempo.

■ Una vez pagada la cuenta archívela en el lugar correspondiente.

Manténgase dentro de su Presupuesto

Usted ha preparado un presupuesto que le permite pagar todas sus cuentas en base a sus ingresos actuales. Ahora le corresponde mantenerse dentro de dicho presupuesto. Se trata de la parte más difícil. Es posible que la semana próxima le llame la atención un sweater muy tentador o que sus amigos deseen que usted los acompañe a un concierto. Es posible, también, que usted caiga enfermo y tenga que pagar por la atención médica y los medicamentos por no tener seguro de salud.

Si puede colocar algo de dinero cada mes en el fondo para emergencias, estará mejor preparado para cubrir los gastos imprevistos que se produzcan en algunas ocasiones. Se requiere fuerza de voluntad y espíritu de sacrificio. Recuerde que si se aparta del presupuesto no le va a ser posible pagar el alquiler de su vivienda y podría verse enfrentado a las terribles circunstancias de que le embarguen bienes de su propiedad.

Cómo Vivir dentro de un Presupuesto y Utilizar el Crédito

Algunos asesores financieros recomiendan abstenerse de utilizar tarjetas de crédito a quienes les resulta difícil vivir ajustándose a un presupuesto. Si para usted tener una tarjeta de crédito es como una licencia para gastar y le resulta imposible controlarse, no debería tener tarjetas de crédito.

Sin embargo, es posible vivir dentro de un presupuesto y utilizar el crédito con responsabilidad.

- Considere la posibilidad de utilizar su tarjeta de crédito solamente para verdaderas emergencias, tales como reparaciones de su automóvil, gastos médicos u otros rubros inesperados y necesarios.

- De tal manera tendrá la seguridad de saberse cubierto por una tarjeta de crédito y a la vez limitará los gastos innecesarios. Si le resulta necesario anote el saldo de su cuenta bancaria cada día en una hojita autoadhesiva y péguela en su tarjeta de crédito. De tal manera sabrá exactamente cuánto dinero tiene cada día.

- Pague todos los meses el saldo total de su cuenta. Si traspasan el saldo de su tarjeta de crédito de un mes a otro los intereses se acumularán con mucha rapidez.

- Efectúe los pagos de su tarjeta de crédito con puntualidad. Las multas por pagos atrasados se acumulan rápidamente y pueden distorsionar el presupuesto, por más cuidado que se haya ejercido al prepararlo.

- Considere a su tarjeta de crédito como un medio que le facilita sus pagos y no una excusa para endeudarse.

- Cierre la mayor parte de sus cuentas de tarjetas de crédito y sólo deje abiertas una o dos. Resulta difícil controlar su presupuesto si tiene demasiadas tarjetas.

- Cierre todas las cuentas de establecimientos comerciales. Las tarjetas de crédito que específicamente emiten grandes tiendas o almacenes nunca son convenientes, aunque le ofrezcan un incentivo por firmar. Las tasas de interés son más altas y no influyen tanto en su informe crediticio como las tarjetas de los grandes bancos.

PRESUPUESTO
(por un mes)

Ingrese sus gastos mensuales aproximados en este formulario. Deberá incluir todos los rubros en los cuales usted gasta dinero. También es necesario incluir puntos tales como la matriculación del automóvil que usted paga anualmente o una vez cada dos años. Si usted efectúa pagos anuales, divida el total entre 12 y anote el resultado. Si usted paga cada dos años un gasto determinado, divida el total entre 24. Asegúrese de incluir los gastos de todas las personas que dependen de usted.

GASTOS DEL HOGAR

Alquiler/hipoteca _____

Impuestos inmobiliarios
(si no están incluidos en la hipoteca) _____

Seguro de vivienda
(como propietario o arrendatario) _____

Electricidad _____

Gas _____

Teléfono _____

TV por cable _____

Reparaciones de la vivienda _____

Alimentación _____

Aqua _____

Suministros para el hogar _____

Compra y mantenimiento
de mobiliario _____

Gastos de mantenimiento
del jardín/patio _____

Otro _____

GASTOS PERSONALES

Ropa _____

Lavandería/limpieza en seco de ropa _____

Peluquería y peinados _____

Otros cuidados personales
(manicura, salón de belleza, etc.) _____

Cuota del gimnasio _____

Otros clubes o asociaciones _____

Seguro de vida _____

Seguro médico _____

Plan de medicamentos _____

Pagos parciales por atención
médica/medicamentos (co-pays) _____

Óptica _____

Dentista _____

Otros gastos médicos _____

Artículos de higiene/aseo personal _____

Caridad _____

Baby sitter _____

Servicio doméstico _____

Hobbies o pasatiempos _____

Cigarrillos _____

Bebidas alcohólicas _____

Dinero para gastos de los hijos _____

Gastos de cuidado de perros,
gatos, etc. _____

Otro _____

GASTOS DE AUTOMÓVIL

Pago del préstamo o "lease"   _____

Seguro del carro   _____

Inspección del carro   _____

Matriculación del carro   _____

Licencia de manejo   _____

Reparaciones y mantenimiento
del carro   _____

Transporte en autobús/tren/
avión/taxi   _____

Gasolina   _____

Lavado del carro   _____

Estacionamiento (parking)/peajes   _____

Otro   _____

GASTOS DE ENTRETENIMIENTO

Restaurantes   _____

Cine, teatro, etc.   _____

Libros, periódicos y revistas   _____

Alquiler de videocintas   _____

Vacaciones   _____

Otro   _____

FAMILIARES Y AMIGOS

Regalos para las fiestas   _____

Regalos de cumpleaños,
aniversarios, bodas   _____

Tarjetas de felicitación
y papel de regalo   _____

20165758

Pago de préstamo personal _____

Otro _____

TARJETAS DE CRÉDITO
(anote cada tarjeta de crédito por separado, con el pago mensual)

_____   _____

_____   _____

_____   _____

_____   _____

_____   _____

_____   _____

EDUCACIÓN

Matrículas y tasas académicas _____

Pagos de préstamos estudiantiles _____

Otro _____

OTROS GASTOS

_____   _____

_____   _____

_____   _____

_____   _____

TOTAL DE GASTOS _____

REGISTRO DE GASTOS

Para _____ (mes y año)

Fecha	Concepto	Costo	Total Diario

Fecha	Concepto	Costo	Total Diario

Total Mensual: _____

Notas

_____

_____

_____

_____

_____

_____

_____

_____

_____

_____

_____

_____

_____

_____

_____

_____

_____

_____

_____

_____

_____

_____

_____

Notas

_____

_____

_____

_____

_____

_____

_____

_____

_____

_____

_____

_____

_____

_____

_____

_____

_____

_____

_____

_____

_____

_____

Capítulo 2

Cómo Establecer un Buen Expediente de Crédito

Es preciso entender algunos términos básicos relacionados con el crédito.

- Cargos de financiamiento Existen dos tipos de cargos de financiamiento. Tasa de Porcentaje Anual (APR, por sus siglas en inglés) es el interés que pagará anualmente sobre los saldos de crédito (ejemplo: 19%). El porcentaje periódico mensual es simplemente el APR, dividido entre 12 meses.

  A fin de comprender cuánto está pagando en intereses, multiplique la cantidad de su pago mensual por el número de meses durante los cuales pagará el préstamo. Esto indica el monto total que usted pagará. Reste la cantidad que se le otorgó a este número y así obtendrá el monto que pagará, en intereses solamente, durante el plazo del préstamo.

Para comprender cómo se calcula el interés en su tarjeta de crédito, comuníquese con el departamento de servicio al cliente y le ofrecerán un cálculo computadorizado sobre el pago y la acumulación de intereses en su tarjeta de crédito.

- **Cargos anuales.** Algunas tarjetas de crédito cobran una cuota de 30 dólares, solamente por utilizar la tarjeta. La cuota aparece en su estado de cuenta una vez al año. Muchas compañías estarán dispuestas a eliminar esta cuota si usted lo solicita. Existen algunas tarjetas que no cobran este tipo de cuotas, por lo tanto, es recomendable comparar ofertas.

- **Período de gracia.** Algunas tarjetas de crédito ofrecen un período de gracia. Este es el tiempo que transcurre a partir del cierre del ciclo de facturación y la fecha en la cual usted debe pagar el saldo para evitar cargos de financiamiento.

■   **Cargos.** Cargos existe una amplia gama de cuotas que las compañías de tarjetas de crédito pueden aplicar a su cuenta. Cabe mencionar los cargos por atraso en el pago, cargos de anticipo de efectivo, cargos de cheques sin fondos, cargos por sobrepasar el límite de crédito, etc. Una de las cuotas que se pueden evitar son los cargos por transacción. Si su tarjeta tiene un cargo de transacción, se le cobrará una pequeña cuota cada vez que utilice la tarjeta. Este tipo de cargo puede llegar a acumularse significativamente, así que trate de evitarlo cuando sea posible.

Cómo Obtener Crédito Nuevamente

Si en su informe de crédito figura una bancarrota u otros datos perjudiciales, deberá comprender que no podrá obtener una tarjeta de crédito al día siguiente. La mayoría de los acreedores rechazarán sus solicitudes. A pesar de haber comenzado nuevamente y mantener el control de su situación financiera, las compañías de tarjetas de crédito van a considerar que están corriendo un riesgo con usted.

Contratos de Crédito

Con el tiempo, algunas compañías de tarjetas de crédito aceptarán sus solicitudes. Por lo general puede obtenerse una tarjeta de crédito dentro de los dos años posteriores a la declaración de bancarrota. Cuando solicite crédito, lea cuidadosamente el convenio y asegúrese de conocer el porcentaje de interés y las cuotas mensuales. Verifique si es preciso pagar una tasa por anticipo de efectivo, cómo se calcula el interés y si se revisan frecuentemente los límites de crédito. Si le hacen una oferta de crédito magnífica, como "0 pagos por seis meses," pregunte si se acumula interés durante este período.

Cuentas de Establecimientos Comerciales

Si usted enfrenta dificultades para que se aprueben sus solicitudes de crédito, acuda a un establecimiento comercial local, una cadena de tiendas, por ejemplo. Obtener ese tipo de tarjetas es mucho más fácil y lo ayudará a adquirir un buen historial de crédito, para entonces remitir una solicitud a una de las principales compañías de crédito. No pierda su tiempo con tarjetas de crédito de compañías de venta por catálogo. Estas tarjetas cobran intereses altos y, generalmente, no rinden informes a las agencias crediticias y, por lo tanto, no favorecerán su expediente.

Tarjetas de Débito

Las tarjetas de débito son un buen substituto de las tarjetas de crédito, Cuando se compra algo con una tarjeta de débito, el monto de la compra se deduce automáticamente de su cuenta bancaria e inmediatamente se efectúa el pago a la compañía de débito. Toda compra que sobrepase la cantidad de fondos disponibles en la cuenta es denegada. Este tipo de tarjeta establece un límite para el consumidor, quien deberá utilizar estrictamente los fondos que tiene disponible en la institución bancaria, sin embargo, es posible incurrir en abuso de la misma cuando se utiliza para retirar dinero que es necesario para el pago de la renta o los gastos de los servicios básicos para el hogar.

Tarjetas con Garantía

Una tarjeta con garantía es similar a una tarjeta de crédito, sin embargo, el dinero que usted deposite permanecerá intacto y acumulará intereses. Su límite de crédito es equivalente al total que deposita en el banco. Usted recibirá cuentas por sus compras y pagará intereses. Si no efectúa pagos, el banco se apropiará del dinero que haya depositado. Asegúrese de que el banco donde deposite el dinero esté asegurado por el gobierno federal y de que la tarjeta pueda convertirse en una tarjeta de crédito regular una vez hayan pasado los primeros 18 meses. Familiarícese con los cargos financieros. Confirme si la compañía va a rendir informes a las agencias crediticias pertinentes. Si es preciso pagar una cuota de solicitud, debe asegurarse de que la misma sea reembolsada si su consulta es denegada.

Consignatario

Si usted no reúne los requisitos para obtener una tarjeta de crédito por sí solo, tal vez debería considerar la posibilidad de pedirle a un amigo o familiar que le sirva de aval, firmando la solicitud de tarjeta de crédito o préstamo. El codeudor promete al acreedor que pagará la deuda si usted no cumple y le ofrece la protección adicional requerida.

Cuenta de Usuario

Otra alternativa es pedirle a un amigo o familiar que solicite una tarjeta de crédito a su nombre y pedir que se le incluya como usuario. Usted podrá utilizar la tarjeta, pero la otra persona será responsable de efectuar los pagos. Pídale al banco que incluya la tarjeta en su informe crediticio. A pesar de que esto no tendrá mayores efectos en su expediente, le proporcionará acceso a una línea de crédito.

Referencias a los Informes Crediticios

Cuando solicite crédito, si usted sabe que el informe de una de las agencias crediticias incluye los datos de crédito más favorables, solicite al posible acreedor que utilice dicho informe. Adjunte toda la información que pueda ser favorable, incluidos reembolsos de impuestos o información sobre sus bienes. Asegúrese de proporcionar toda la información que se solicita. Su solicitud puede ser denegada si la información en el formulario está incompleta.

Cuidado con las Solicitudes Frecuentes

No solicite crédito frecuentemente. Cada vez que solicita crédito, este dato aparece en su informe. Algunas agencias crediticias consideran que no es favorable un informe donde figuran demasiadas consultas. En el futuro, es posible que ciertos posibles acreedores consideren que sus solicitudes son denegadas con frecuencia, o que usted solicita demasiado crédito.

Reconsideración

Si su solicitud de crédito es denegada, pida que la envíen al departamento de reconsideración. La mayoría de los principales acreedores cuentan con estos departamentos donde reevaluarán seriamente las solicitudes.

Lea la Letra Pequeña

Cuando solicite crédito, asegúrese de leer detenidamente toda la información que figura en letra pequeña. Algunas tarjetas cobran diferentes cuotas que podrían acumularse cuando las utilice. Sería conveniente comparar las tasas de interés que se ofrecen en el mercado a fin de evitar que se le aplique un cargo de financiamiento demasiado elevado en la tarjeta, si simplemente desea efectuar una transferencia de saldo.

Listas de Bancos

Si enfrenta dificultades para encontrar un banco que apruebe su solicitud de crédito, comuníquese con Bankcard Holders of America (540-389-5445). Esta organización le proporcionará una lista de bancos que ofrecen tarjetas de crédito normales y tarjetas de crédito con garantía.

Ley de Igualdad de Oportunidades de Crédito

La *Ley de Igualdad de Oportunidades de Crédito* protege a los consumidores contra la discriminación de cuando solicitan crédito. A los consumidores no se les debe denegar el crédito por razones de edad, raza, religión, nacionalidad o porque reciban ayuda pública, pensión alimenticia o manutención infantil, o por trabajar a tiempo parcial. Según esta ley, los acreedores cuentan con 30 días a partir de la fecha en que reciban toda su información para notificarle si su solicitud ha sido aceptada o rechazada. Usted tiene derecho a conocer la razón por la cual su solicitud ha sido denegada (en la carta deben figurar los datos o un número de teléfono donde pueda obtener la información) al igual que el nombre y la dirección de la agencia crediticia a través de la cual se obtuvo el informe.

Cómo Mejorar su Expediente Actual de Crédito

Si tiene tarjetas de crédito en la actualidad, usted puede tomar varias medidas para mejorar su crédito. A fin de aumentar su línea de crédito, mantenga un buen historial de pagos durante un período mínimo de tres meses y solicite un aumento de su límite de crédito. Enviar una cantidad mayor al pago mínimo todos los meses mejorará sus posibilidades. Evite sobrepasar su límite de crédito, debido a que esto afectará negativamente su expediente. Pagar a tiempo es importante, sin embargo, es preciso tener en cuenta que la mayoría de las tarjetas de crédito no reportan los atrasos en los pagos a menos que no se hayan remitido pagos por dos meses consecutivos.

Explicación de Circunstancias

Si usted sabe que en su informe crediticio figuran datos negativos y su solicitud de crédito ha sido denegada por causa de ello, es posible que usted deba remitir una DECLARACIÓN DE CIRCUNSTANCIAS junto a su solicitud. (Véase el formulario 1, página 89.) Esta declaración ofrece una explicación sobre lo que ha pasado. Por ejemplo, tal vez estuvo enfermo e incapacidado para trabajar y además le enviaron una gran cantidad de cuentas por servicios médicos. Explique esta situación al acreedor por escrito, subrayando las medidas que ha tomado para abordar el problema.

Cierre de Cuentas

Si usted tiene varias tarjetas de crédito a su nombre, deberá cerrar las cuentas que no utilice regularmente y dejar no más de dos o tres cuentas abiertas. Una larga lista de cuentas abiertas levanta sospechas ante los ojos de los acreedores, incluso en el caso de que las mismas se encuentren inactivas. En cualquier momento, usted podría optar por utilizarlas, incurriendo en deudas que vayan más allá de su poder adquisitivo.

Cómo Utilizar sus Nuevas Tarjetas de Crédito

Si usted ha logrado que le aprueben nuevas tarjetas de crédito o si aun conserva sus antiguas tarjetas, utilícelas con una mentalidad distinta. Las tarjetas de crédito son un medio de pago, no una extensión de su poder adquisitivo. Utilice su tarjeta de crédito, sin embargo, asegúrese de pagar el saldo completo cada mes y evite que se acumulen intereses en la cuenta. Utilizar las tarjetas, pagándolas responsablemente, lo ayudará a mejorar su crédito. Los acreedores informarán que está pagando según lo acordado y a tiempo. No debe utilizar su tarjeta de crédito si no cuenta con dinero en el banco en el momento de efectuar la compra. Pague sus cuentas antes del vencimiento del plazo establecido.

Debe evitar solicitar demasiadas tarjetas de crédito. Una o dos tarjetas es más que suficiente. El consumidor es particularmente vulnerable a las tarjetas de crédito preaprobadas que se reciben en el correo. Por lo regular, estas tarjetas no ofrecen los mejores términos o tasas de interés. Si las recibe, córtelas por la mitad y envíe una carta al banco rechazándolas.

Mantenga una lista de todas sus tarjetas de crédito, incluidos números de cuenta y números telefónicos de servicio al cliente para estar al tanto del crédito que tiene disponible y contar con la información necesaria para reportar la tarjeta en caso de robo o pérdida.

Cómo Obtener un Préstamo

Si ha enfrentado problemas de deuda, o si su informe crediticio ha contenido información negativa por un período de tiempo considerable, podría llegar a perder las esperanzas obtener algún día un préstamo para la compra de un automóvil, una hipoteca, y mucho menos un préstamo personal. Sin embargo, existen maneras de obtener préstamos después de enfrentar tales dificultades. Una estrategia sumamente útil consiste en abonar una cantidad sustancial en el pago inicial para comprar una casa o auto, pagando un interés más alto. Cuando usted efectúa un pago inicial al comprar un auto, el acreedor ya cuenta con una cantidad substancial y es posible que esté dispuesto a prestarle dinero. Si la cantidad abonada es para el pago inicial de una vivienda, el banco verá que existe suficiente colateral en la casa y que, en caso de remate, el banco recuperará el dinero.

Deberá estar dispuesto a aceptar préstamos con intereses más altos que el promedio. Todo tiene un precio. Prestarle dinero a una persona que se considera un riesgo crediticio tiene un precio más alto que tramitar un préstamo para una persona que cuenta con un expediente perfecto.

Use cosignatorio

Cuando consigue préstamo o hipoteca, alguien más (quizas amigo o pariente) acuerda de firmar el préstamo y aceptar responsibilidad financiero para ello si jamás no puede pagar. Ahora el acreedor tiene alguien con que puede contar para los pagos y quizas éso le de la voluntad de darle la oportunidad de tener préstamo.

(Entre las estrategias que existen para comprar una casa, es preciso mencionar los arrendamientos con opción a compra, las hipotecas financiadas por el propietario o la compra de una vivienda a través del *Departamento de Vivienda y Desarrollo Urbano de EE.UU.* (HUD, por sus siglas en inglés).)

Cuentas Bancarias

A fin de desarrollar un buen expediente de crédito, es preciso conservar la estabilidad de sus cuentas bancarias. Debería abrir una cuenta de ahorros y una cuenta corriente. Compare las ofertas de diferentes bancos y escoja la institución que cuente con los mejores incentivos (cuotas bajas, cheques gratis, etc.) utilice su cuenta de ahorros para guardar su dinero, aunque sea una cantidad pequeña. Utilice su cuenta corriente como un centro organizativo para recibir sus ingresos mensuales y pagar sus deudas. Deposite sus ingresos, haciendo deducciones para la cuenta de ahorros. Escriba cheques para pagar sus deudas con los fondos de esa cuenta. Nunca emita un cheque si no cuenta con los fondos necesarios para cubrirlo.

Mantener sus cuentas en buen estado, le demostrará a los acreedores que usted es capaz de administrar y ahorrar dinero.

Cambios de Nombre y Dirección

Cuando intente mejorar su expediente crediticio, es preciso que proyecte una imagen de cierta estabilidad. Las mudanzas constantes podrían dar indicios de inestabilidad. Trate de permanecer en un lugar de residencia al menos durante un año si es posible. Si decide mudarse, asegúrese de notificar su cambio de dirección a todos sus acreedores. Es importante tener en cuenta que su informe crediticio está vinculado a usted a través de su número de seguro social y le seguirá dondequiera que usted vaya.

Cambiar su nombre por razones que no sean matrimonio o divorcio, no es recomendable si está intentando construir un buen historial de crédito.

Negociación con Acreedores Anteriores

Si en su informe de crédito figuran datos negativos, existen varias alternativas para abordar este problema. Comuníquese con el acreedor e indique su deseo de pagar una cantidad de dinero a cambio de que se eliminen dichos datos. Esto puede hacerse, incluso si se ha emitido un fallo en su contra.

Matrimonio y Crédito

Lo más importante que debe comprenderse sobre el matrimonio y el crédito es que lo que le sucede a uno, le sucede a los dos. Si el expediente de su cónyuge tiene un fallo en su contra, aparecerá una nota en su informe crediticio. Estará sujeto a pagar las deudas incurridas durante el matrimonio en cuentas conjuntas, incluso en el caso de que solamente uno de los cónyuges estuviera al tanto de la existencia de las mismas.

Si usted se encuentra en una situación en la cual su crédito se ha visto afectado por causa de su cónyuge, deberá tomar medidas para separarse de él o ella para mejorar su informe de crédito. Obtenga crédito bajo su propio nombre. (Muchas mujeres nunca lo hacen ni establecen un expediente de crédito independiente, basado en su propia habilidad para efectuar pagos.)

Estafas que Deben Evitarse

No existe una salida fácil para los problemas relato al crédito y las deudas. Por lo regular, las compañías que ofrecen este tipo de soluciones mienten u ofrecen planes ilegales. Algunos abogados anuncian que pueden eliminar la mitad de sus deudas sin que usted tenga que declararse en bancarrota. Podrá verse pagando una gran cantidad de dinero para recibir asistencia de un abogado en trámites que usted puede realizar por su propia cuenta, como es la negociación con los acreedores. Otro de los engaños consiste en invitarlo a obtener un número de identificación federal como 12-345-6789 y a utilizarlo como "nuevo" número de seguro social (123-45-6789) a fin de solicitar crédito, sin relación con su antiguo expediente. Hay otro tipo de fraude que consiste en cambiar los números de su seguro social.

No intente ninguna de estas estratagemas, pues son ilegales y podría incurrir en fraude. Es importante que recuerde que si decide recurrir a uno de estos planes ilegales, estará renunciando automáticamente a los beneficios del Seguro Social.

NOTA: También es ilegal solicitar crédito utilizando el nombre de otra persona.

Evite involucrarse con cualquier entidad que requiera la remisión de un pago antes de brindar servicio sin hablarle sobre sus derechos y las medidas que puede tomar por su cuenta gratuitamente. Se está gestando un fraude si se le pide que no establezca contacto con las agencias crediticias o si se le aconseja que refute toda la información que figura en su informe. La *Ley de las Organizaciones de Reparación de Crédito* establece pautas que rigen el funcionamiento de las agencias de reparación de crédito. Denuncie cualquier agencia sospechosa a la oficina del Fiscal General o la Comisión Federal de Comercio.

Cómo Reducir la Cantidad de Ofertas de Crédito no Solicitadas

Es posible que usted reciba en el correo varias ofertas de crédito no solicitadas. La mayoría de las compañías obtienen su nombre y datos personales básicos a través de las agencias crediticias. Contactan con las agencias y obtienen información no confidencial sobre usted. Puede resultar tentador gastar más dinero del necesario si recibe constantemente ofertas por correo, además puede convertirse en algo verdaderamente molesto. Muchas personas piensan que las agencias crediticias infringen los límites de su privacidad cuando proporcionan sus datos a estas compañías. Usted puede establecer contacto con las agencias crediticias y expresar su deseo de "optar por no estar incluido" (*opt out*) en estas ofertas y solicitar que no se difundan sus datos nuevamente. A fin de tramitar este pedido, deberá enviar una carta (REQUEST TO OPT OUT) a la dirección especial designada por cada una de las agencias crediticias para este propósito. (Véase el formulario 2, página 91.) Los datos figuran a continuación:

Equifax Options
Marketing Decisions System
PO Box 740123
Atlanta, GA 30374-0123

Trans Union
Name Removal Option
PO Box 97328
Jackson, MS 39288-7328

Experian Consumer Opt Out
701 Experian Parkway
Allen, TX 75002

Para reducir aun más las ofertas de crédito no solicitadas por teléfono o correo, puede comunicarse con:

Direct Marketing Association
Mail Preference Association
PO Box 9008
Farmington, NY 11735

Direct Marketing Association
Telephone Preference Service
PO Box 9014
Farmington, NY 11735

Notas

Capítulo 3

Explicaciones sobre su Informe Crediticio

Su informe crediticio es como su libreta de calificaciones escolares. Indica quién es usted ante los ojos de los burócratas. A fin de mejorar su situación es necesario que usted tenga toda la información financiera sobre usted que le resulte disponible. Antes de resolver cualquier problema es menester saber cuál es el problema.

Cuando usted obtenga su informe crediticio, será conveniente poner al día las cuentas que han sido cerradas o pagadas por completo y lograr que entre las cuentas existentes, figuren tantas como sea posible con una calificación positiva. De la misma manera, si resulta posible sería aconsejable mejorar las calificaciones neutras para que consten como positivas.

Agencias de Informes Crediticios

Las agencias de informes crediticios son grandes corporaciones que ganan dinero a base de compilar información financiera sobre los consumidores y vendérsela a los posibles prestamistas o patronos. Toda persona que alguna vez haya solicitado un préstamo o crédito de tipo alguno tendrá un expediente crédito en cada una de las principales agencias de informes crediticios. Es posible que la gente que paga todo en efectivo no tenga nada en su informe crediticio. En el informe crediticio se incluyen los datos personales del consumidor, además de su información sobre empleo, tarjetas de crédito y deudas.

¿De qué manera dichas agencias obtienen todos esos datos sobre usted? La información la obtienen de las solicitudes de crédito que usted haya presentado, además de los reportes que sus acreedores preparan sobre su cumplimiento de sus obligaciones financieras para ellos.

Los bancos o agencias de préstamo a menudo contratan a numerosas agencias de informes crediticios pequeñas para examinar e investigar historiales crediticios. Sin embargo, todas esas agencias obtienen sus datos a través de las mismas fuentes.

Se trata de estas tres agencias:

Equifax

PO Box 740241

Atlanta, GA 30374

800-685-1111

www.equifax.com

Experian

PO Box 2104

Allen, TN 75013-2104

888-397-3742

www.experian.com

Trans Union

PO Box 1000

Chester, PA 19022

800-888-4213

www.tuc.com

Por qué Tiene Importancia su Informe Crediticio

Su informe crediticio revela enteramente su vida financiera en letra impresa. Enumera su número de seguro social, su dirección actual y las anteriores, sus datos de empleo, préstamos, tarjetas de crédito, hipotecas y otros tipos de deudas. Muestra cuáles cuentas

fueron pagadas en su totalidad, cuáles adolecen de atrasos en los pagos, cuáles han sido remitidas a agencias de
cobranzas o gestión de cobro de morosos, además de
todo tipo de gravámenes en su contra o las declaraciones de bancarrota que usted haya presentado.
Siempre que usted solicite un préstamo o una tarjeta
de crédito, sus posibles acreedores examinarán su
informe crediticio. En el informe se califica su nivel
financiero y los acreedores lo utilizan para estudiar las
posibilidades de que usted devuelva el dinero prestado.

Si en su informe crediticio figuran muchos pagos de
cuenta atrasados, una declaración de bancarrota o más
préstamos de los que usted puede pagar, usted tiene
mal crédito y significa un riesgo para los posibles acreedores. Las empresas en las cuales usted solicita trabajo,
las compañías de seguros y las entidades a cargo de vig-
ilar la manutención infantil pueden obtener su informe
crediticio. Dado que a usted lo evaluarán únicamente
en base a su informe crediticio, deberá tomar las medidas necesarias para asegurarse de que figuren los datos
correctos y que dichos datos sean tan positivos como
sea posible.

Su Informe Crediticio

La manera más sencilla de obtener su informe crediticio consiste en ponerse en contacto con las agencias de informes crediticios por teléfono o Internet. Usted puede solicitar su informe en línea a Experían y Equifax. Equifax cuenta con un dispositivo en línea que le permitirá ver su informe crediticio en línea inmediatamente. Es conveniente también obtener el informe crediticio de cada una de las agencias que lo reportan, dado que los errores que aparecen en el informe de una de las agencias es posible que no figuren en el informe de otras agencias. Se le requerirá proporcionar datos tales como su nombre completo, fecha de nacimiento, nombre del cónyuge, dirección, número de seguro social, los números de sus tarjetas de crédito y la fecha de nacimiento para verificar su identidad. Utilice la CARTA PARA SOLICITAR INFORME CREDITICIO, a fin de solicitar que le remitan su informe por correo. (Véase el formulario 3, página 93.)

Deberá usted recordar que cuando usted solicita su informe crediticio usted solamente recibirá su propio informe. Si su cónyuge quisiera un informe crediticio, éste o ésta deberán solicitarlo por separado. Usted no está autorizado a obtener el informe de su cónyuge. Si cualquiera de ambos experimenta problemas de crédito, ambos deberán obtener sus respectivos informes de manera que puedan corregir todos los errores pertinentes.

Si a usted le han denegado una solicitud de crédito, de empleo, alquiler de vivienda o seguros sobre la base de su informe crediticio, usted podrá obtener un informe gratuito de cada una de las agencias dentro de los 60 días posteriores al rechazo de su solicitud. Consulte la tabla que se incluye a continuación a fin de determinar el costo de los informes crediticios en el estado donde usted reside.

Estado	*Costo*
California	$8
Colorado	un informe gratis por año
Connecticut	$5 más impuesto
Georgia	dos informes gratis por año
Maine	$3
Maryland	un informe gratis por año
Massachusetts	un informe gratis por año
Minnesota	$3
New Jersey	un informe gratis por año
Vermont	un informe gratis por año
Islas Vírgenes	$1
Todos los demás estados	$8.50–$9.00

Para el pago del informe crediticio se puede enviar un cheque o, lo cual resulta irónico, es posible cargar el

Para el pago del informe crediticio se puede enviar un cheque o, lo cual resulta irónico, es posible cargar el importe a su tarjeta de crédito.

¿Qué es lo que hay en un Informe Crediticio?

Su informe crediticio contiene datos personales sobre usted, incluidos su número de seguro social, su dirección actual y las direcciones anteriores, la empresa donde trabaja y sus empleos anteriores, y sus hipotecas, préstamos, tarjetas de crédito, acuerdos para pagos a plazos y registros de acceso público sobre usted tales como información sobre gravámenes y declaraciones de bancarrota actuales y anteriores. En el informe también consta si las cuentas que usted debe tienen atrasos de 30, 60, o 90 días. También se indica si usted se ha mudado sin notificar a un acreedor. (La designación que suele utilizarse en estos casos es SCNL.)

Los datos que se enumeran pueden ser positivos, negativos o neutros. Los datos negativos, como una cuenta cuyo plazo de pago haya vencido, pueden permanecer en su informe crediticio durante un máximo de siete años. Las bancarrotas pueden mantenerse en su informe durante un máximo de diez años. Sin embargo, si usted solicita un empleo con un sueldo anual de $75,000 o más, un crédito de $150,000 o más, o un seguro de vida por $150,000 o más, dichos datos negativos previamente mencionados seguirán apareciendo en su informe independientemente del tiempo que lleven.

Leer y Entender su Informe

Las tres agencias de informes crediticios presentan la información sobre crédito de manera diferente. Si usted les solicita informes a las tres compañías, seguramente no incluirán exactamente los mismos datos. Es frecuente que ciertas deudas se incluyan en el informe de una de las agencias pero no en el de otra. A fin de examinar completamente su historial de crédito le será necesario conseguir los informes crediticios de las tres compañías.

> **NOTA:** En el momento de imprimirse este libro, las siguientes descripciones eran correctas en base a la manera en que las agencias reportaban la información en ese momento. No obstante, las compañías actualizan constantemente sus formularios y es posible que los modifiquen en cualquier momento. Los formularios siempre contienen la misma información básica, y las modificaciones que se efectúen tienen como propósito facilitar la lectura y la comprensión de los formularios.

Equifax

El informe de Equifax es bastante fácil de leer. (Véase la página 51.) El informe que se incluye en este capítulo es el modelo que Equifax utiliza para explicar el informe que envían por correo. (Se puede también pedir que le envíen una versión en línea, la cual contiene los mismos datos pero organizados de manera un poco diferente.)

- La primera parte incluye los datos de identificación personal básicos tales como direcciones anteriores e historial de empleo.

- Todos los registros públicos sobre sus deudas (incluidas las bancarrotas), gravámenes, sentencias, embargos salariales, préstamos con garantía, estado civil, asesoramiento financiero en el cual usted hubiera participado. Los remates y los demás datos que no impliquen responsabilidad se enumeran a continuación de los registros mencionados.

- La próxima parte es una lista de todas las cuentas de usted que hubieran sido transferidas a una agencia de cobranzas o a gestión de cobro de morosos, indicando los números de cuentas, saldos, fecha en la cual se reportó el saldo, las últimas operaciones efectuadas, la fecha en que la cuenta fue transferida a una agencia de cobranzas y la situación respecto al cobro de la deuda.

■   A continuación figura una lista de acreedores. Se los enumera con el nombre de la compañía, número de cuenta, saldo de la cuenta (el total que usted debe), el estado de la cuenta y otros detalles. El estado de la cuenta indica si la cuenta se está pagando de la manera acordada, el número de días que tenga de atraso, o indicará si ha sido transferida a una agencia de cobranzas. Utilice los códigos que figuran al pie del modelo para entender lo referente al estado de la cuenta.

■   La sección siguiente es la de "Consultas sobre crédito." Se enumeran todas las compañías que hubieran efectuado averiguaciones crediticias sobre usted, ya sea porque en ese momento usted tuviera una cuenta con ellos, hubiera solicitado un empleo o presentado una solicitud de apertura de cuenta, o porque la compañía buscara información para determinar si les sería conveniente ofrecerle abrir una cuenta. Se indica la fecha en que se efectuó cada averiguación antes del nombre de cada compañía.

Cómo leer su informe crediticio

Dirija toda la correspondencia futura a: Credit Reporting Agency
Dirección Comercial
Ciudad, Estado 00000

MODELO DE INFORME CREDITICIO

Esta sección incluye su nombre, dirección actual, direcciones anteriores y otros datos para su identificación reportados por los acreedores.

Datos de identificación personal

Su nombre   No. de seguro social: 123-45-6789
123 Dirección actual   Fecha de nacimiento: 10 de abril de 1940
Ciudad, Estado 00000

Dirección(direcciones) anterior(es)
456 Former Rd. Atlanta, GA 30000
P.O. Box XXXX, Savannah, GA 40000
Último empleo reportado: Ingeniero, Highway Planning

Esta sección incluye datos de registro público obtenidos a través de los tribunales locales, estatales y federales.

Gravamen solicitado en 03/93; Fulton CTY; No. de caso o equivalente-32114; cantidad-$26667; Clase-Estatal; difundido en 07/93; verificado en 07/93
Bancarrota solicitada en 12/92; Northern District Ct; No. de caso o equivalente-673HC12; Pasivo: $15787; Personal; Individual; Exonerado; Activo-$780
Demanda de sentencia presentada en 07/94; Fulton CTY; No. de caso o equivalente-0898872; Demandado-Consumidor; Cantidad-$8984; Demandante-ABC Real Estate; Satisfecha en 03/95; Verificada en 05/95

Esta sección incluye las cuentas que los acreedores hayan remitido a una agencia de cobranzas.

Información sobre cuentas transferidas a agencias de cobranzas

Pro Coll (800) xxx-xxxx

Datos sobre cobranzas reportados en 05/96; Transferida en 03/93 a Pro Coll (800) xxx-xxxx Cliente – ABC Hospital; Cantidad-$978; Sin pagar; Saldo $978; Fecha del último movimiento 09/93; Cuenta individual; No. de cuenta 787652JC

Esta sección abarca cuentas abiertas y cerradas.
1 El acreedor que reporta la información.
2 El número de cuenta reportado por el acreedor que le concedió el crédito.
3 Véase la explicación más abajo.
4 El mes y el año en que el acreedor le abrió la cuenta.
5 Número de meses en los cuales se reportó el historial de pagos de esta cuenta.
6 Fecha del último pago.
7 Cantidad más alta cargada o límite de crédito.
8 Número de cuotas o pago mensual.
9 La cantidad adeudada en la fecha del informe.
10 La cantidad vencida en la fecha del informe.
11 Véase la explicación más abajo.
12 Fecha de la última puesta al día de la cuenta.

Información sobre cuentas de créditos

Nombre de la compañía	No. de cuent	Titular cuenta	Fecha de apertura	Meses	Fecha/último movimiento	Canti dad más alta	Cuotas	Datos según reporte de la fecha			Reportado
								Saldo	Venci do	Estado	/fecha
[1]	[2]	[3]	[4]	[5]	[6]	[7]	[8]	[9]	[10]	[11]	[12]
Cadena de tiendas	32514	J	10/86	36	9/97	$950		$0		R1	10/97
Banco	1004735	A	11/86	24	5/97	$750		$0		I1	4/97
Compañía petrolera	541125	A	6/86	12	3/97	$500		$0		O1	4/97
Financiación de Automóviles	529778	I	5/85	48	12/96	$1100	$50	$300	$200	I5	4/97

Historial de pagos anterior: 3 veces con 30 días de retraso; 4 veces con 60 días de retraso; 2 veces con más de 90 días de retraso
Estado anterior: 01/97 – I2; 02/97 – I3; 03/97 – I4

Compañías que solicitaron su informe crediticio

09/06/97 Equifax – Difusión	08/27/97 Cadena de tiendas	
07/29/97 PRM Tarjeta de banco	07/03/97 AM Tarjeta de banco	
04/10/97 AR Cadena de tiendas	12/31/96 Equifax – Difusión ACIS	
	123456789	

Esta sección incluye la lista de las empresas que han recibido su informe crediticio en los últimos 24 meses.

Titular de la cuenta
Indique quién es el responsable de la cuenta y el tipo de participación que usted tiene en la misma.
J = Joint (conjunta)
I = Individual
U = Undesignated (sin designar)
A = Autorized user (usuario autorizado)
T = Terminated (cancelada) Cumplimiento del plazo de pago
M = Maker (encargado)
C = Co-Maker/Co-signer (co-encargado/co-signatario)
B = On behalf of another person (en nombre de otra persona)
S = Shared (compartida)

Estado
O = Open [abierta] = (cada mes se adeuda la totalidad del saldo)
R = Revolving [rotatoria] = (cada mes se adeuda una suma variable)
I = Installment [a plazos] = (número de pagos fijo)

Cumplimiento de los plazos de pago
0 = Aprobada, sin utilizar; demasiado nueva para catalogarla.
1 = Pagos efectuados de acuerdo con las disposiciones acordadas.
2 = Plazo de pago vencido hace más de 30 días.
3 = Plazo de pago vencido hace más de 60 días.
4 = Plazo de pago vencido hace más de 90 días.
5 = Efectúa el pago transcurridos más de 120 días desde el vencimiento del plazo; o transferida a una agencia de cobranzas.
7 = Efectúa pagos regulares bajo el plan para asalariados u otro arreglo similar.
8 = Embargo de bienes.
9 = Suma cargada a la cuenta de deudas incobrables.

Tipo de cuenta

Las siguientes consultas o averiguaciones NO se reportan a las empresas

PRM – Este tipo de consulta significa que sólo su nombre y dirección a la empresa que otorga crédito a fin de enviarle una solicitud de crédito para que usted la llene. (Las consultas PRM permanecen en los archivos durante 12 meses.)

AM o RM – Estas consultas indican una revisión periódica de su historial crediticio efectuada por uno de sus acreedores. (Las consultas AM o RM permanecen en los archivos durante 12 meses.)

EQUIFAX, ACIS o UPDATE – Estas consultas indican la actividad de Equifax a pedido de usted, ya sea para remitirle una copia de su informe crediticio o investigar un asunto.

PRM, AM, AR, Equifax, ACIS, Update y INQ – Estas consultas no aparecen en los informes crediticios que reciben las empresas; solamente aparecen en las copias que se le envíen a usted.

Form 102631–8-98 USA

Creado por Equifax (reproducido con su autorización)

Preguntas Frecuentes Respecto a los Informes Crediticios

P: ¿Por qué rechazaron ustedes mi solicitud de crédito?
R: Las agencias de informes crediticios no recomiendan la aprobación ni el rechazo de su solicitud de crédito. Las compañías que otorgan crédito las que deciden en base a su historial de pagos y sus propios criterios.

P: ¿Las agencias de informes crediticios califican mis cuentas?
R: No. Lo único que hacemos es mantener registros. Cada acreedor nos reporta el estado de su cuenta según los pagos que usted haya efectuado.

P: ¿Cómo podría corregir un error en mi informe crediticio?
R: Complete el formulario de solicitud de investigación y proporcione la información detallada que usted considera correcta. A continuación averiguaremos con el acreedor, la agencia de cobranzas o la fuente de registros públicos para determinar si existen errores en los datos reportados. La información que no pueda verificarse se eliminará de su expediente. Si usted y un acreedor no están de acuerdo respecto a cualquier dato, usted tendrá que resolver el desacuerdo directamente con el acreedor, por ser éste la fuente de los datos proporcionados.

P: ¿Qué hay en mi informe crediticio que me impide obtener crédito?
R: No sabemos. Somos una agencia de informes crediticios y no otorgamos crédito. Cada empresa que otorga crédito establece sus propios criterios para tomar decisiones respecto al crédito. Es posible que su crédito parezca perfecto, pero tener demasiado crédito o demasiadas cuentas por pagar podrían ser dos de los tantos motivos por los cuales podrían rechazarle una solicitud. Algunas veces la decisión ni siquiera se basa en su informe crediticio. Por ejemplo podrían denegarle la solicitud si usted ha vivido en su domicilio actual durante poco tiempo, o es muy nuevo en la empresa donde trabaja. Si tiene dudas sobre los motivos por los cuales no le aprobaron un crédito, comuníquese con la empresa a la cual usted le presentó la solicitud.

P: ¿Por qué los datos sobre mi último empleo no están actualizados?
R: Lo que figura como último empleo reportado es, verdaderamente, el último empleo reportado por las compañías que otorgan crédito. La información sobre empleo generalmente es la que figura en las solicitudes de crédito y, por consiguiente, no las ponen al día muy seguido. Las empresas que conceden créditos o donde usted solicite trabajo no utilizan dichos datos para tomar decisiones, sólo se usan con propósitos demográficos.

P: ¿Qué es el puntaje crediticio?
R: El puntaje crediticio es un promedio que indica las probabilidades de que usted efectúe los pagos de un préstamo o tarjeta de crédito de la manera acordada. Se utiliza como predicción de su desempeño futuro. Es un dato que las empresas usan al evaluar su solicitud de crédito. Su puntaje crediticio puede basarse únicamente en la información que figura en el informe crediticio que emiten las agencias de informes crediticios. Otros puntajes pueden basarse en la combinación de la información crediticia y la información que usted incluya en su solicitud de crédito. Es posible que su desempeño anterior en el manejo del crédito se traduzca con su desempeño crediticio en el futuro. Los puntajes crediticios no pueden predecir con certeza de qué manera una persona manejará su crédito. Solamente constituyen una previsión objetiva respecto a las probabilidades de que usted pague las cuentas dentro del plazo estipulado.

P: ¿El puntaje crediticio forma parte de mi informe crediticio?
R: El puntaje crediticio no forma parte del informe crediticio. Es un recurso que facilita la labor de la empresa que otorga el crédito durante la tramitación de la solicitud. El puntaje puede variar a medida que cambien sus datos respecto al crédito.

P: ¿Si tengo problemas de crédito, ¿donde podría obtener asesoramiento y ayuda?
R: Hay varias organizaciones que ofrecen ayuda. Por ejemplo, Consumer Credit Counseling Service (CCCS) es una entidad sin fines de lucro que ofrece asesoramiento gratuito o de bajo costo para ayudar a la gente a resolver sus problemas económicos. El CCCS puede ayudarle a analizar su situación y buscar soluciones. En este país funcionan más de 600 oficinas del CCCS. Llame al 1-800-388-2227 y averigue el número de teléfono de la oficina más cercana.

P: ¿Debería recurrir a una de esas compañías que prometen "arreglarme" el crédito?
R: Esa decisión debe tomarla usted mismo. Sin embargo, no olvide que dichas compañías no pueden quitar de su informe crediticio ningún dato que sea correcto. Muchas de las medidas que pueden tomar puede tomarlas usted mismo sin costo alguno a un costo bajo.

Aviso:
Una vez que recibimos su pedido de que investiguemos un desacuerdo, en primer lugar revisamos y consideramos la información relevante que usted nos haya presentado, independientemente de la índole de su desacuerdo. Si la revisión no resuelve el desacuerdo y se requiere más investigación, remitimos una notificación respecto a su desacuerdo, incluida la información relevante que usted haya presentado, a la fuente que nos hubiera enviado a nosotros la información respecto al desacuerdo. Dicha fuente examina la información que nosotros proporcionamos, realiza una investigación respecto a la información cuestionada y nos reporta los resultados a nosotros. Nosotros, entonces, eliminamos o modificamos los datos de su informe crediticio según la información apropiada basada en los resultados de la investigación. En la sección denominada "Results of Your Investigation" (resultados de su investigación) de la carta que acompaña la copia del informe crediticio revisado que nosotros le enviamos, se incluyen el nombre, la dirección y, si se dispone dentro de los límites razonables, el número de teléfono de la(s) entidad(es) que proporcionan la información con las cuales contactamos a fin de investigar su desacuerdo.

Si aun así usted no está de acuerdo con un punto determinado después de que hubiera sido verificado, usted podrá remitirnos una declaración breve, de un máximo de 100 palabras (200 para los residentes en el estado de Maine) explicando la índole de su desacuerdo. Su declaración formará parte de su informe crediticio y constará en el mismo cada vez que se efectúe una consulta.

Si la re-investigación permite modificar o eliminar los datos que a usted le preocupan, o si usted remite una declaración de conformidad con el párrafo anterior, usted tiene derecho a solicitar que le enviemos la versión revisada de su informe crediticio a cualquier compañía que con cualquier propósito hubiera recibido su informe crediticio durante los últimos seis meses (12 meses para los residentes de Colorado, Nueva York, New Jersey y Maryland) y durante los últimos dos años cuando fuera con fines de empleo.

102631R-98 USA   *Creado por Equifax (reproducido con su autorización)*

Experían

El informe de Experian también es muy fácil de consultar. (Véase la página 57.)

■ La primera página del informe incluye un resumen de su cuenta e indica cuantos datos potencialmente negativos se incluyen (registros públicos y cuentas con información desfavorable). También se indica el número de cuentas cuyo funcionamiento es correcto y están al día.

■ A continuación, en las páginas dos y tres el informe enumera todas las cuentas que usted tiene o hubiera tenido. Los puntos negativos se incluyen al comienzo, con dos rayas (guiones) de cada lado del número de cada cuenta que figura en la lista. Las cuentas sin rayas están en buen estado. Se enumera cada cuenta por el nombre del acreedor y se proporciona también la dirección. A la derecha de la cuenta aparecen columnas con estos encabezamientos, los cuales significan lo siguiente:

Fecha de apertura/reportada en. (Date opened/ Reported since): Esta columna indica la fecha en que la cuenta se abrió por primera vez y a continuación indica la fecha más reciente en la que se reportó información sobre la cuenta.

Fecha del estado actual/último informe. (Date of status/Last reported): Esta columna indica el tipo de cuenta.

En cuanto al *tipo* (type) se indican dos modalidades: plazos o cuotas fijas (installment) o pagos variables (revolving). Las cuentas de tipo installment son aquellas para las cuales se requiere pagar cuotas mensuales. Las cuentas de tipo revolving son aquellas que funcionan como tarjetas de crédito, en las cuales la cantidad que debe pagarse varía según el uso de la cuenta.

En cuanto a plazos (terms), el informe indicará para cuantos meses se otorga el préstamo. Si es de tipo revolving se indicará N/A (no aplicable). La cuota mensual es la suma que usted está obligado a pagar cada mes.

Responsabilidad. (Responsibility): La próxima columna indica quién es responsable de la cuenta. Si es suya solamente es individual. Si tanto usted como su cónyuge son responsables se indicará que la cuenta es conjunta (joint). Otras posibilidades incluyen usuarios autorizados (si su cónyuge u otra persona abren la cuenta y lo autorizan a usted a recibir una tarjeta de crédito en base a la misma cuenta, cosignatario (cosigner), etc.

Límite de crédito o cantidad original/saldo más alto. (Credit limit or original amount/High balance): Su límite de crédito es el total máximo que en cualquier momento dado usted puede pedir prestado. Si se trata de un préstamo, se indicará la cantidad que originalmente usted tomó prestada. El saldo más alto es la mayor cantidad que figuró en su saldo y que usted ha debido por un mes.

Saldo más reciente/pago más reciente. (Recent balance/Recent payment): El saldo más reciente es la suma que usted debe reportada por última vez. El pago más reciente indica el último pago reportado.

Observaciones. (Comentarios): En esta sección se incluyen observaciones con detalles sobre cuentas vencidas o atrasadas, indicaciones respecto a cuentas que nunca han tenido pagos atrasados, si determinada cuenta se pagó en su totalidad y fue cerrada, y durante cuánto tiempo la cuenta seguirá apareciendo en su informe crediticio.

■ La siguiente sección del informe de Experían ofrece más detalles sobre algunas de sus cuentas. No todos los acreedores proporcionan información detallada y actualizada para esta sección, motivo por el cual no encontrará detalles de todas sus cuentas. Debajo del nombre y la dirección del acreedor hallará los datos respecto a sus límites de crédito anteriores y saldos más altos proporcionados por el acreedor. A la derecha figura su saldo en fechas diferentes.

- A continuación se incluye la sección en la cual se enumeran los acreedores que hubieran solicitado información sobre usted. La lista a la izquierda incluye las averiguaciones que se efectuaron en relación con algún trámite iniciado por usted, como presentar una solicitud de crédito, por ejemplo. La lista a la derecha enumera las averiguaciones que se realizaron sin que usted hubiera efectuado actividad alguna.

- Acto seguido, encontrará una sección en la cual se incluyen sus datos personales, nombre, dirección actual y direcciones anteriores, número de seguro social, fecha de nacimiento, nombre del cónyuge, empresa donde trabaja y otros datos.

experían

	Preparado para	Fecha del informe	Página 1
	JOHN Q. CONSUMER	1 de junio de 1999	
	Informe número		
	1687771839		

Experian
PO Box 9595
Allen TX 75013-9595

Informe crediticio personal

Acerca de este informe

Experian reúne y organiza información sobre usted y su historial crediticio en base a los registros públicos, sus acreedores y otras fuentes fiables. Ponemos su historial crediticio a disposición de sus acreedores y patronos o posibles acreedores y patronos, de manera autorizada por la ley. No otorgamos crédito ni evaluamos su historial crediticio. Los datos personales sobre usted pueden remitirse a las compañías cuyos productos o servicios puedan interesarle.

Las decisiones importantes respecto a su valoración crediticia se basan en la información contenida en este informe. Es menester revisarla detenidamente para verificar que esté correcta.

Información que puede afectar su valoración crediticia

A continuación se incluye un resumen de los datos incluidos en este informe.

Datos potencialmente negativos incluidos

Datos de registro público	2
Cuentas de acreedores y otras entidades	2
Cuentas al día (en buen estado)	3

Si desea más información

Para plantear cualquier duda respecto a este informe, llámenos al: 1-800-XXX-XXXX, lunes a viernes de 9am – 5 pm (hora de la ciudad donde usted reside)

Para adquirir más información respecto a Experian u otros datos útiles, incluidos consejos para mejorar su nivel de crédito, visite nuestro sitio web: http://www.experian.com

Imprimir: Al imprimir el exjemplo del informe crediticio de J.Q. Consumer, le sugerimos que en la sección de "properties" del "printer setup" de su computadora seleccione la opción "landscape" (impresión horizontal).

Preparado para
JOHN Q. CONSUMER
Informe número
1687771839

Fecha del informe
1 de junio de 1999
¿Preguntas?
Llame al 1-800-XXX-XXXX

Información que afecta su valoración crediticia

Los puntos que aparecen con una rayita antes y después del número, por ejemplo -1-, pueden ejercer consecuencias potencialmente negativas respecto a futuras extensiones de su crédito y en el informe figuran en primer lugar.

Las empresas que otorgan crédito pueden examinar detenidamente los puntos incluidos a continuación al examinar su historial crediticio. Observe que la información sobre la cuenta relacionada con algunos registros públicos, como bancarrotas, por ejemplo, aparecen también en este informe.

Su declaración

Por pedido suyo, hemos incluido la siguiente declaración cada vez que se ha solicitado su informe crediticio.

"Mi identificación ha sido utilizada sin que yo lo autorice en solicitudes de crédito. Antes de aprobar créditos a mi nombre llame al 999-999 9999".

Información sobre usted que figura en registros públicos

Fuente/número de identificación	No. de ubicación	Fecha de inicio/fecha de resolución	Responsabilidad	Cantidad reclamada/ cantidad de la cual es responsable	Observaciones
-1- **Holly CO DIST CT** 305 MAIN STREET HOLLY NJ 08060	B312P7659	3-1997/ NA	Conjunta	$3,756/ NA	Tipo: Demanda judicial civil, sentencia dictada. Demandante: Dime Savings. Este punto se mantendrá en los registros hasta 3-2004. Este punto se verificó en 8-1997 y sigue sin cambios.
-2- **BROWN TOWN HALL** 10 COURT ST BROWN NJ 02809	BK443PG14	11-1997/ 10-1998	Conjunta	$57,786/ NA	Estado: Exhonerado por bancarrota, capítulo 7. Este punto permanecerá en los registros hasta 1-2007. Este punto fue verificado en 8-1997 y sigue sin cambios.

experian

Página 3

Preparado para	Fecha del informe	Página 3
JOHN Q. CONSUMER	1 de junio de 1999	
Informe número	¿Preguntas?	
1687771839	Llame al 1-800-XXX-XXXX	

Información crediticia sobre usted

Fuente/número de cuenta (excepto las últimas cifras)	Fecha de apertura desde	Fecha de estado/ último reporte	Tipo/plazo/ pago mensual	Responsabilidad	Límite de crédito o cantidad original/ saldo más alto	Saldo reciente/ pago reciente	Observaciones
-3- FIDELITY BK NA 300 FIDELITY PLAZA NORTHSHORE NJ 08902 46576000024....	6-1994/ 6-1994	12-1996/ 12-1996	Plazos/10 meses/$0	Individual	$4,549/ NA	$4,549 en 12-1996/	Estado: con cargo. $4,549 eliminados en 12-1996. Esta cuenta permanecerá en los registros hasta 12-1996
-4- B.B. CREDIT 35 WASHINGTON ST. DEDHAM MA 547631236	10-1990/ 4-1995	4-1998/ 4-1998	Plazos/80 meses/$34	Individual	$8,500/ $8,500	$0 en 4-1998/$34	Estado: Deuda reincluida en bancarrota, capítulo 7. $389 exhonerados en 3-1998. Historial de la cuenta: Agencia de cobranzas desde 9-1995 a 6-1996 90 días de retraso en 7-1995 60 días de retraso en 11-1994, 6-1995 30 días de retraso en 9-1994, 1-1995 y 2 veces más Esta cuenta permanecerá en los registros hasta 2-2001 Este punto fue verificado y actualizado en 6-1996

Acreedor original: Bally's Health Club/Personal Services

Preparado para
JOHN Q. CONSUMER
Informe número
1687771839

Fecha del informe
1 de junio de 1999
¿Preguntas?
Llame al 1-800-XXX-XXXX

Página 4

Página 4

Información crediticia sobre usted (continuación)

Fuente/número de cuenta (excepto las últimas cifras)	Fecha de apertura reportaje desde	Fecha de estado/ último reporte	Tipo/plazo/ pago mensual	Responsabilidad	Límite de crédito o cantidad original/ saldo más alto	Saldo reciente/ pago reciente	Observaciones
5 FIRST CREDIT UNION 78 WASHINGTON LN LANEVILL TX 76362 129474 Hipoteca: 74848347834	3-1996/ 3-1996	11-1998/ 11-1998	Plazos/48 meses/$420		$17,856/ NA	$0 en 11-1998/ $420	Estado: abierta/ sin retrasos
AMERICA FINANCE CORP PO BOX 8633 COLLEY IL 60126 6376001172....	6-1993/ 7-1993	11-1998/ 11-1998	Rotatoria/ NA/$400		$0/ $18,251	$0 en 1-1998/	Estado: tarjeta perdida o robada. Esta cuenta per- manecerá en los registros hasta 11-2000.
NATIONAL CREDIT CARD 100 THE PLAZA LANEVILLE NJ 08905 420000638....	6-1993/ 6-1993	11-1998/ 11-1998	Rotatoria/ NA/$0	Conjunta con JANE CONSUMER		$0 en 11-1998	Estado: abierta/ sin retrasos.

Comprada a CITIBANK VISA

Página 5

Preparado para
JOHN Q. CONSUMER
Informe número
1687771839

Fecha del informe
1 de junio de 1999
¿Preguntas?
Llame al 1-800-XXX-XXXX

Página 5

Uso de su crédito

La información que se indica a continuación proporciona detalles adicionales respecto a sus cuentas, incluidos hasta 24 meses del historial de sus saldos y límites de crédito, saldos más altos y cantidad original del préstamo. A Experian no le reportan toda la información sobre los saldos, motivo por el cual es posible que no aparezcan algunas de sus cuentas. Asimismo, es posible que algunos acreedores actualicen los datos más de una vez en el mismo mes.

Fuente/número de cuenta   *Fecha/saldo*

---

6 AMERICA FINANCE CO CORP   11-1998/$0 10-1998/$4,329 8-1998/$0 5-1998/$0 2-1998/$250 1-1998/$0 12-1997/$2,951
6376001172......   9-1997/$3,451 7-1997/$4,251 5-1997/$4,651 2-1997/$5,451 1-1997/$5,851; 12-1996/$6,251
11-1996/$6,651 9-1996/$7,051 7-1996/$7,451 5-1996/$7,852 3-1996/$8,251 1-1996/$12,651
12-1995/$9,051 11-1995/$9,451 9-1995/$10,251 7-1995/$10,651 5-1995/$11,051

Entre 1-1994 y 11-1998 se
desconocía su límite de crédito.

---

7 NATIONAL CREDIT CARD   11-1998/$0 9-1998/$542 7-1998/$300 6-1998/$686 4-1998/$1,400 3-1998/$2,500
420000638...   1-1998/$2,774 12-1997/$599 9-1997/$873 7-1997/$1,413 5-1997/$1,765 4-1997/$2,387
3-1997/$3,400 2-1997/$3,212 1-1997/$4,412 12-1996/$2,453 10-1996/$2,453 10-1996/$1,769
8-1996/$1,200 4-1996/$3,200 2-1996/$4,568 1-1996/$5,582 12-1995/$3,000 10-1995/$3,200
8-1995/$4,500

Entre 6-1993 y 11-1998 su límite de
crédito ascendía a $8,000.

Página 6

Preparado para
JOHN Q. CONSUMER
Informe número
1687771839

Fecha del informe
1 de junio de 1999
¿Preguntas?
Llame al 1-800-XXX-XXXX

Página 6

Otras personas que han solicitado información sobre su historial de crédito

A continuación se incluyen las entidades a las cuales recientemente les hemos enviado información sobre su historial de crédito.

Solicitudes presentadas por usted

Usted tomó ciertas medidas, tales como completar una solicitud de crédito, que les permitieron a las siguientes empresas adquirir información sobre usted. Recuerde que los siguientes datos forman parte del historial de crédito y se incluye en los informes crediticios que les hemos remitido a otras entidades.

Fuente	Fecha	Observaciones
ABC MORTGAGE 64 MAPLE ROSEVILLE MD 02849	10-18-1998	Préstamo par vivienda de $214,000 en nombre de State Bank con un plazo de pago de 30 cuotas. Esta consulta permanecerá en sus archivos hasta 10-2000.

Otras solicitudes

Es posible que usted no haya presentado las siguientes solicitudes para consultar su historial de crédito, por tal motivo quizá no reconozca a todas las fuentes. Les ofrecemos información crediticia a las empresas que tengan propósitos permisibles, por ejemplo:

- otros acreedores que desean ofrecerle crédito preaprobado, o una empresa interesada en remitirle una oferta de trabajo;
- un posible inversionista que desea evaluar los riesgos de una obligación financiera actual;
- Experian Consumer Assistance, para tramitarle a usted un informe;
- sus acreedores actuales, a fin de llevar un control de sus cuentas (la fecha indicada puede reflejar solamente la solicitud más reciente).

Lo informamos a usted sobre estas solicitudes como registro de movimientos, y no incluimos ninguna de estas solicitudes de datos en los informes crediticios que proporcionamos a otras entidades.

Fuentes	Fecha
EXPERIAN PO BOX 949 ALLEN TX 75013	3-99
WORLD BANK 4578 DRIVE NORTH YORKVILLE NY 03939	3-99, 12-98, 9-98, 6-98, 3-98, 12-97, 9-97, 6-97, 3-97
FIDELITY BK NA 300 FIDELITY PLAZA NORTHSHORE NJ 08902	1-99, 7-98, 1-98, 7-97, 1-97
NATIONAL CREDIT CARD 100 THE PLAZA LANEVILLE NJ 08905	7-97, 2-97

Preparado para	Fecha del informe	Página 7
JOHN Q. CONSUMER	1 de junio de 1999	
Informe número	¿Preguntas?	
1687771839	Llame al 1-800-XXX-XXXX	

Datos personales sobre usted

La siguiente información relacionada con sus registros nos ha sido reportada por usted, sus acreedores y otras fuentes. En el marco de nuestro programa de prevención del fraude, es posible que aparezca en su informe un aviso con información adicional.

Nombres

John Q. Consumer
John Consumer
Jack Q. Consumer

Domicilio

En nuestros registros consta que en la actualidad usted es propietario de su vivienda. El código geográfico con cada dirección identifica el estado, el país, los datos del censo, el grupo de bloques y las Estadísticas del Área Metropolitana relacionadas con cada dirección.

Dirección	Tipo de vivienda	Código geográfico
123 Main Street Anytown, CA 90001	NA	23-914-629331- 1-1234
7 Buckingham Drive Southwick, MA 01077	Vivienda unifamiliar	14-167-353800- 6-6464
125 Main Street, Apt. 305 Westfield, MA 01085	Bloque de apartamentos	75-344-896002- 9-7436
86 Avenue B Belchertown, MA 01007	Vivienda unifamiliar	73-334-9921145- 4-4747

Variantes del número de seguro social

Como medida de seguridad no incluimos el número de seguro social que usted nos proporcionó cuando usted nos contactó.

018-38-6414
020-44-3032

Fecha de nacimiento

9/27/1959

No. de licencia de manejo

CA X123456

Números de teléfono

999 999 9999 (particular)
999 999 9009
999 999 8888

Nombre del cónyuge

Jane

Muestra

Empleos

ABC Corporation
456 Main Street
Anytown, CA 90001

City of Newton

Avisos

La Administración del Seguro Social indicó que el número de seguro social que usted nos proporcionó cuando nos contactó pertenece a una persona fallecida.

El número de seguro social que usted nos proporcionó cuando nos contactó no ha sido emitido por la Administración del Seguro Social.

El número de seguro social que usted nos proporcionó cuando nos contactó indica que se había establecido crédito antes de que se emitiera el número.

El número de seguro social que usted nos proporcionó cuando nos contactó no cumple los requisitos formales de la Administración del Seguro Social.

Preparado para
JOHN Q. CONSUMER
Informe número
1687771839

Fecha del informe
1 de junio de 1999
¿Preguntas?
Llame al 1-800-XXX-XXXX

Página 8

Trans Union

A primera vista, el informe de Trans Union no parece fácil de leer. Aparecen muchas palabras y números "apretados" en cada página. Sin embargo, si usted lo lee despacio y lo examina detenidamente, se dará cuenta de que es bastante sencillo de leer y comprender.

- El comienzo del informe indica su nombre y dirección actual.

- A continuación se enumeran las direcciones anteriores y su historial de empleo.

- La siguiente sección del informe se refiere a las cuentas en las que aparece información negativa sobre usted. La información que se considera negativa aparece entre los signos (><) para que pueda encontrarse fácilmente.

- Después de las cuentas con información negativa figuran las cuentas con información neutra o positiva. Todas las cuentas se incluyen de la misma manera. El nombre del acreedor aparece a la izquierda, junto a él se incluye el número de cuenta y una descripción sobre el tipo de cuenta.

- La siguiente línea indica la fecha en que se reportó información sobre la cuenta o la fecha en que fue actualizada y el saldo en tales fechas. A la derecha consta la información respecto a quién es responsable de la cuenta, indicando si es individual, conjunta, etc.

- La línea a continuación indica cuándo se abrió la cuenta y la suma más alta a la cual ascendió su deuda en un momento dado. Después de estos datos se describen las condiciones de pago y también puede aparecer el límite de crédito.

- La línea siguiente incluye el estado de la cuenta en el último día que hubiera sido reportada. La línea a continuación proporciona alguna información sobre pagos vencidos o atrasados.

- Después de la lista de todas sus cuentas encontrará una lista de las personas que han recibido su informe crédito a pedido suyo (incluida su solicitud de que le remitan una copia a usted, lo cual se indica con las iniciales "TU").

- La próxima sección indica las compañías que recibieron información limitada sobre usted a fin de intentar venderle bienes o servicios.

■   La última sección incluye las compañías que solicitaron información actualizada sobre usted.

NOTA: En el momento de publicarse este libro, Trans Union estaba preparando los cambios necesarios para que el formato de su informe crediticio sea más fácil de utilizar para los consumidores.

Si usted todavía no comprende algunos aspectos de su propio informe crediticio, no dude en llamar a la compañía que lo preparó. Las agencias de informes crediticios no son sus acreedores y si usted se pone en contacto con ellas por teléfono no lo acosarán para que les envíe dinero. Llame y pídales que le expliquen los aspectos del informe que usted no entiende.

Su Cónyuge y su Informe Crediticio

Desde el punto de vista del crédito, se considera que usted y su cónyuge son dos entidades separadas. No obstante, ustedes tienen el derecho de disponer que la información de ambos aparezca en el informe crediticio de cada uno, lo cual podría ser conveniente si el nivel de crédito de uno de ustedes es pobre y el del otro es excelente. Para solicitar este tipo de medida a la agencia correspondiente, utilice la CARTA PARA

SOLICITAR LA FUSIÓN DE SU INFORME CREDITICIO CON EL DE SU CÓNYUGE. (Véase formulario 4, página 95.)

Usted también tiene derecho a que los informes negativos de uno de los cónyuges sean eliminados del expediente del otro cónyuge. Si su cónyuge tiene un crédito terrible y se refleja en el informe de usted, tendrá que solicitar que los datos de su cónyuge se eliminen de su propio informe. En ese caso le sería posible utilizar su buen crédito para solicitar los préstamos y tarjetas de crédito que pudieran reportarles beneficios a ambos. En tales circunstancias utilice la CARTA PARA SOLICITAR LA INDIVIDUALIZACIÓN DEL INFORME CREDITICIO. (Véase el formulario 5, página 97.)

Notas

_____

_____

_____

_____

_____

_____

_____

_____

_____

_____

_____

_____

_____

_____

_____

_____

_____

_____

_____

_____

_____

_____

Notas

Capítulo 4

Cómo Modificar su Informe Crediticio

Ahora que está familiarizado con el contenido de un informe crediticio y sabe cómo leerlo y entenderlo, usted deberá leer el suyo muy cuidadosamente.

Revise todos los datos, incluyendo números de cuenta, saldos elevados y fechas de pago. Para comparar parte de esta información usted deberá revisar sus archivos. Si los artículos en el informe son favorables, no se preocupe mucho por verificarlos. Si son negativos, examine cada uno de ellos para detectar errores.

Discrepancias Respecto a una Factura de Tarjeta de Crédito

Si encuentra errores en su factura de tarjeta de crédito más reciente, usted deberá:

■ comunicarse directamente con su compañía de tarjetas de crédito—y no la agencia de informes crediticios. (Las agencias de informes crediticios no tramitan estos asuntos.);

■ enviar una CARTA A UN ACREEDOR RESPECTO A UN ERROR DE FACTURACIÓN. (Consulte el formulario 6, página 99.) Estos casos no se pueden resolver con una llamada telefónica; usted deberá escribir esta carta para estar cubierto por el *Decreto de Facturación de Crédito Apropiada* en esta situación;

■ enviar la carta dentro de un período de 60 días a partir de la fecha de la factura; y,

■ enviar la carta por correo certificado con solicitud de acuso de recibo. (El acreedor tiene 30 días para acusar recibo de su carta.)

Usted puede retener el pago por un artículo disputado en la factura de tarjeta de crédito (no toda la factura de tarjeta de crédito—sólo el artículo disputado). Usted debe:

- intentar primero resolver la discrepancia en la facturación con la tienda en la que adquirió el artículo. (El cargo debe ser de más de $50.);

- informar por escrito a la compañía de tarjetas de crédito sobre la discrepancia, y la tienda debe estar ubicada dentro de un radio de 100 millas con respecto a su lugar de residencia o estar situada en su estado (Decreto de Facturación de Crédito Apropiada). La compañía de tarjetas de crédito no puede reportar su cuenta como cuenta morosa mientras la disputa esté siendo procesada, y debe resolver la disputa dentro de un período de dos ciclos de facturación (o 90 días). Recuerde que debe enviar toda la correspondencia a la dirección de servicio al cliente y no a la dirección para el envío de pagos; y,

- llamar y solicitar esta dirección si no la puede encontrar en su factura.

Cómo Corregir su Informe Crediticio

Después de obtener una copia de su informe crediticio, usted debe revisarla cuidadosamente para detectar errores, información no actualizada, y datos erróneos.

Los errores abundan en los informes crediticios, de modo que no debe suponer que el suyo es correcto sin antes revisarlo completamente.

Si ha identificado cualquier punto en su informe crediticio que usted cree que no está actualizado o es erróneo, tiene el derecho de disputarlo bajo la *Ley de Informes Crediticios Apropiados*. Se le permite disputar cualquier punto que crea razonablemente que está equivocado o incompleto. Para discrepar con un punto, debe enviar una carta a la agencia de crédito por correo certificado.

> **NOTA:** Acuérdese de mantener un registro de toda la correspondencia y llamadas telefónicas. (Consulte el formulario 4, página 95.)

Frecuentemente, las agencias de informes crediticios adjuntan un formulario LLAMADO SOLICITUD DE REINVESTIGACIÓN a su informe crediticio. Usted puede usar este formulario para anotar puntos que desea disputar, o puede enviar una carta, como por ejemplo la CARTA PARA SOLICITAR QUE SE CORRIJA UN ERROR EN EL INFORME CREDITICIO. (Consulte el formulario 6, página 99.) Es preferible no disputar más de tres puntos en una carta. Si desea discrepar con más de tres puntos, use cartas separadas para cada grupo de tres.

Una lista larga de disputas podría hacerle pensar a la agencia que usted no es una persona seria y que lo cuestiona todo sólo para crear problemas.

En la mayoría de los estados, la agencia tiene 30 días para comunicarse con usted después de recibir su carta. (En Colorado, Connecticut y Massachusetts, la agencia tiene cinco días para investigar, y en Maine y Maryland dispone de 10 días. Louisiana le otorga 45 días a la agencia.) Al enviar su carta o formulario, asegúrese de incluir cualquier copia de documentos que respalden su reclamación. A usted no le cuesta nada disputar su informe crediticio. Este es su derecho legal, de manera que, ¡no tema ejercerlo!

Si no recibe una respuesta de la agencia dentro de treinta días, envíe una Segunda Solicitud de Reinvestigación. (Consulte el formulario 9, página 105.) Una vez que la agencia reciba su solicitud, ésta tiene treinta días para investigar nuevamente los puntos que usted está disputando. Si le proporciona información a la agencia sobre el punto en cuestión, entonces la agencia tiene quince días adicionales para investigar, lo que equivale a un total de 45 días.

La agencia debe comunicarse con el acreedor cuyo punto usted está disputando y tomar en consideración la información y la documentación que recibió de usted. Una vez que han sido revisados los datos, la agencia debe:

- darle los resultados de la reinvestigación dentro de cinco días a partir de la finalización;

- eliminar el punto que disputa si usted tiene razón, o si no se puede verificar. (La mayoría de los acreedores destruyen los expedientes después de 25 meses, de modo que es muy posible que el artículo que está disputando ya no pueda ser verificado.);

- asegurar que un punto que fue corregido no reaparecerá incorrectamente en su informe; y,

- proporcionarle una copia de su informe corregido.

Si la agencia determina que el punto en desacuerdo es correcto y que usted está equivocado, dicho punto permanecerá en el informe.

Si su informe es corregido, la agencia debe enviar una copia del informe corregido a cualquier acreedor que haya solicitado su informe durante el último año y a cualquier empresa que lo haya solicitado durante los últimos dos años en relación con una gestión de empleo.

Espere unos meses después de que su informe crediticio haya sido corregido y luego solicite una copia del mismo. Verifique que el error fue corregido y que no reaparece. Si ha reaparecido (y esto ocurre de vez en cuando), envíe una carta indicando este hecho a la agencia de informes crediticios y detalle el historial de asunto. Use la CARTA PARA SOLICITAR QUE SE ELIMINEN DATOS INCORRECTOS QUE REAPARECEN EN EL INFORME CREDITICIO. (Consulte el formulario 10, página 107.)

Notas

_____

_____

_____

_____

_____

_____

_____

_____

_____

_____

_____

_____

_____

_____

_____

_____

_____

_____

_____

_____

_____

_____

_____

_____

Capítulo 5

De Cara al Futuro

Este libro lo ha ayudado a enfrentarse a sus problemas de deudas, entender y mejorar su nivel de crédito y administrar su dinero con mayor eficiencia. Sin embargo, todavía queda mucho trabajo por hacer.

Cambie su Actitud y Mentalidad Respecto al Dinero

Usted ha experimentado ciertas dificultades para el manejo de sus deudas y "limpiar" su informe crediticio. Ahora que ya ha resuelto dichos problemas, tiene que pensar de qué manera puede evitar que se repitan en el futuro. Muchas de las soluciones que se ofrecen en este libro funcionan sólo una vez. Por ejemplo, obtener una segunda hipoteca sobre su vivienda solamente se puede hacer una vez.

Usted tiene que ser muy prudente a la hora de cumplir su presupuesto. Manténgalo en la puerta del refrigerador o en su billetera si cree que así se le facilitará su objetivo. Tendrá que cambiar respecto a la manera en que usted se maneja respecto al dinero. Lleve un control estricto de dónde va a parar cada centavo. Utilice las tarjetas de crédito con suma cautela. No utilice tarjetas sin antes saber cómo y dónde obtendrá el dinero para pagar sus compras.

En algunas ocasiones permítase un respiro. Puede apartarse del presupuesto un día, de la misma manera en que uno puede seguir una dieta y tomarse una pequeña licencia. Pero al igual que lo que sucede con las dietas, es necesario compensar la diferencia en algún momento para evitar complicaciones posteriores. Determine de antemano hasta qué punto puede apartarse del presupuesto. Una cosa es gastar un par de dólares extra para pagarse un café espresso antes de entrar al trabajo y otra es comprarse inesperadamente un sofá nuevo. Cada uno de estos gastos debe compensarse de una manera diferente.

Cómo Enfrentar los Cambios

Usted tiene un presupuesto que funcionará en la medida que sus gastos e ingresos actuales se mantengan constantes. No obstante, es poco probable que tales ingresos y gastos se mantengan iguales eternamente. Es posible que en su trabajo reciba un sueldo o salario menor o mayor al actual. Los precios de la gasolina pueden subir o bajar. Es posible que le haga falta comprarse un carro nuevo, o arrendar otro apartamento pagando un alquiler más elevado.

Si sus ingresos o gastos experimentan variaciones deberá ajustar su presupuesto de manera acorde. Si sus ingresos disminuyen tendrá que buscar la manera de reducir gastos o terminará endeudado "hasta el cuello". Si sus ingresos aumentan, considere la posibilidad de mantener sus gastos al mismo nivel que antes y ahorrar la diferencia. Coloque ese dinero en una cuenta bancaria, certificado de depósito (CD), o, incluso, una cuenta de inversiones. Deje que su dinero se acumule y crezca para comprarse una casa, tomarse unas vacaciones o contar con ahorros para el futuro.

Tenga en cuenta que si cambia de empleo no está obligado a notificar a sus acreedores al respecto. Si desea obtener límites de crédito más elevados y sus ingresos son más altos, sería conveniente notificarlos. Sin embargo, si le reducen sus ingresos, los acreedores no tienen por qué saberlo siempre que usted pueda ajustar sus gastos a efectos de poder pagar todas sus cuentas. Recuerde notificar a los acreedores cuando se muda a otro domicilio, de manera que pueda seguir recibiendo los estados de cuenta y pagar sus cuentas puntualmente.

Los Factores de Autoestima y la Compulsión al Gasto

Mucha, muchísima gente tiene dificultades para pagar sus deudas, en un momento u otro de su vida. Usted no es el único ni la única. Es posible que haya caído en tal situación debido a penurias inesperadas, tales como divorcio, enfermedad, ceses o despidos. Es importante aceptar que algunos sucesos negativos suelen ocurrir y que lo mejor que se puede hacer es enfrentarse a las consecuencias. Concéntrese en el futuro. Trace planes para saber de qué manera va a salir adelante y procure cumplirlos.

Si ha caído en tales situaciones debido a sus propios errores, reflexione sobre lo ocurrido, piense de qué manera puede modificar su propio comportamiento y sus hábitos, y tome las medidas necesarias. Quizá descubre que padece de una compulsión a gastar. Si tal es su caso, consulte a un profesional de la salud mental o a un profesional de la gestión de deudas. Posiblemente el problema es que, sencillamente, usted se maneja muy mal con los números. Pídale a su cónyuge o a un buen amigo que le ayude a cumplir su presupuesto. No tenga reparo en solicitar ayuda a otras personas.

Al planear su futuro, piense que el dinero es una herramienta importante pero también peligrosa que debe utilizarse con cautela.

Notas

Notas

Apéndice
Formularios

DECLARACIÓN DE CIRCUNSTANCIAS

_____ (su nombre y dirección)

_____

_____

_____ (nombre y dirección del posible acreedor)

_____

_____

_____ (fecha)

Estimado(a) señor/señora:

Me dirijo a usted respecto a mi solicitud de crédito. He leído mi informe crediticio y he observado que en el mismo figuran algunos datos que podrían constituir un motivo de preocupación. Permítame explicarle. He experimentado las siguientes circunstancias: _____

_____

_____

las cuales ocasionaron los problemas que usted puede observar en el informe crediticio. Mis circunstancias de crédito actuales son las siguientes: _____

_____

_____

y quisiera que comprenda que mi situación ha mejorado. Podré efectuar todos los pagos debidos sin ningún problema y espero que usted le dé consideración a mi solicitud.

Atentamente,

CARTA PARA SOLICITAR QUE NO LE ENVÍEN MATERIAL DE PROMOCIÓN (OPT OUT)

_____ (su nombre y dirección)

_____

_____

_____(nombre y dirección del programa "Opt Out" de la agencia de informes crediticios)

_____

_____

_____ (fecha)

Estimado(a) señor/señora:

Por la presente le indico que no quisiera que ninguna información sobre mí le sea proporcionada a ninguna compañía que procure enviarme materiales promocionales. Por favor no les faciliten ningún dato sobre mí. No deseo recibir envíos por correo ni llamadas telefónicas de las empresas que promueven sus servicios.

Atentamente,

CARTA PARA SOLICITAR INFORME CREDITICIO

_____ (su nombre y dirección)

_____

_____

_____ (nombre y dirección de la agencia
de informes crediticios)

_____

_____

_____ (fecha)

Estimado(a) señor/señora:

Me dirijo a usted para solicitarle una copia de mi informe crediticio.

__ Me han rechazado solicitudes de crédito o de empleo en los últimos 60 días en base a mi informe crediticio y por tal motivo les solicito una copia gratuita.

__Adjunto $__ según se requiere en el estado donde resido y solicito que me envíe mi informe crediticio. A efectos de verificar datos, utilice la siguiente información:

No. de seguro social: _____

Empleo actual: _____

Mi última dirección anterior: _____

Nombre y número de una de mis tarjetas de crédito: _____

_____

_____

Favor de remitir mi informe crediticio a la dirección arriba indicada.

Atentamente,

CARTA PARA SOLICITAR LA FUSIÓN DE SU INFORME CREDITICIO CON EL DE SU CÓNYUGE

_____ (su nombre y dirección)

_____

_____

_____ (nombre y dirección de la agencia
de informes crediticios)

_____

_____

_____ (fecha)

Estimado(a) señor/señora:

Favor de combinar en uno solo mi informe crediticio con el de mi cónyuge.

Mi número de Seguro Social: _____

Número de expediente o informe crediticio de su agencia:

_____

Nombre de mi cónyuge: _____

Número de Seguro Social de mi cónyuge: _____

Atentamente,

CARTA PARA SOLICITAR
LA INDIVIDUALIZACIÓN
DEL INFORME CREDITICIO

_____ (su nombre y dirección)

_____

_____

_____ (nombre y dirección de la agencia
de informes crediticios)

_____

_____ (fecha)

Estimado(a) señor/señora:

Recientemente recibí una copia de mi informe crediticio y observé que contiene información sobre mí y sobre mi cónyuge. Quisiera que la información sobre mi cónyuge sea eliminada del informe.

Mi número de Seguro Social: _____

Número de expediente o informe crediticio de su agencia:

_____

Nombre de mi cónyuge: _____

Número de Seguro Social de mi cónyuge: _____

Atentamente,

CARTA A UN ACREEDOR RESPECTO A UN ERROR DE FACTURACIÓN

_____ (su nombre y dirección)

_____

_____

_____ (nombre y dirección de la agencia
de informes crediticios)

_____

_____

_____ (fecha)

Estimado(a) señor/señora:

Recientemente recibí una cuenta enviada por su empresa, en la cual hay un error.

Mi número de cuenta es el _____.

El punto incorrecto es _____ por valor de $_____ con fecha _____.

Este dato es incorrecto porque indica _____

_____ y debería indicar

_____.

Le agradecería si pudiera corregir este punto y enviarme una copia del informe una vez que haya sido corregido.

Atentamente,

REGISTRO DE CORRESPONDENCIA

Fecha	Nombre de la empresa	Nombre de la persona a contactar	Número de cuenta o asunto	Tipo de correspondencia	Medida	Medidas a tomar
1.						
2.						
3.						
4.						
5.						

CARTA PARA SOLICITAR QUE SE CORRIJA
UN ERROR EN EL INFORME CREDITICIO

_____ (su nombre y dirección)

_____

_____

_____ (nombre y dirección de la agencia
de informes crediticios)

_____

_____ (fecha)

Estimado(a) señor/señora:

Recientemente recibí una copia de mi informe crediticio enviada por su agencia. El número de mi expediente
o del informe crediticio es el_____.
Al examinar mi informe he observado el(los) sigu-
iente(s) error(es):

1._____

  Este dato es incorrecto porque indica _____

  y debería, en cambio, indicar _____.

2._____

  Este dato es incorrecto porque indica _____

  y debería, en cambio, indicar _____.

3._____

  Este dato es incorrecto porque indica _____

  y debería, en cambio, indicar _____.

Le agradecería que estos errores fueran corregidos. Espero
recibir sus noticias dentro de los próximos 30 días.

Atentamente,

SEGUNDA SOLICITUD DE REINVESTIGACIÓN

_____ (su nombre y dirección)

_____

_____

_____ (nombre y dirección de la agencia
de informes crediticios)

_____

_____

_____ (fecha)

Estimado(a) señor/señora:

En fecha _____ le envié por escrito una solicitud de reinvestigación (su número de expediente o informe crediticio es el _____) de los siguientes errores que se han producido en mi informe crediticio.

1._____

2. _____

3._____

Adjunto una copia de la carta que le envié. Han transcurrido 30 días y no he recibido respuesta respecto a dicho asunto. Le agradecería que me notificara el resultado de mi solicitud tan pronto como fuera posible.

Atentamente,

CARTA PARA SOLICITAR
QUE SE ELIMINEN DATOS INCORRECTOS QUE REAPARECEN EN EL INFORME CREDITICIO

_____ (su nombre y dirección)

_____

_____

_____ (nombre y dirección de la agencia de informes crediticios)

_____

_____

_____ (fecha)

Estimado(a) señor/señora:

Me dirijo a usted respecto a mi informe crediticio (su número de expediente o informe crediticio es el _____). En fecha _____ su agencia eliminó los siguientes datos incorrectos de mi informe:

_____

_____

a mi pedido porque _____

_____

_____.

En la última copia de mi informe crediticio con fecha _____, dichos datos incorrectos volvieron a aparecer. Por la presente les solicito que inmediatamente eliminen los datos incorrectos y los sustituyan por la siguiente información correcta: _____

_____

_____.

Favor de hacerme saber cuando ha sido efectuada la corrección y remitirme una copia del informe corregido.

Atentamente,

El Autor

Brette McWhorter Sember recibió su título de Doctora en Leyes (J.D. por sus siglas en inglés) en la Universidad Estatal de Nueva York en Buffalo. Abandonó su ajetreado ejercicio de la abogacía en un bufete jurídico de Nueva York y ahora es escritora a tiempo completo.

Ha escrito numerosos libros jurídicos de autoayuda, incluyendo *How to File for Divorce in New York* (Cómo tramitar un divorcio en Nueva York), y a menudo escribe artículos de derecho para diversas revistas y sitios Web.

Vive en el oeste del estado de Nueva York con su esposo y dos hijos.

- 1-57248-350-4
- 6 x 9
- 208 páginas
- $16.95

Estadísticas recientes indican que casi 6.7 millones de personas reciben pagos administrados federalmente de los ingresos del Seguro Social en el período de un mes. ¿Cuántas de esas personas recibieron realmente el dinero que ganaron?

Stanley Tomkiel—abogado, autor y anteriormente Representante deReclamos del Seguro Social—responde éstas y otras importantes preguntas en *El Seguro Social—Preguntas y Respuestas*.

♦ "¿Cuánto dinero puedo ganar después de los 65 años mientras estoy cobrando Seguro Social?"

♦ "¿Dónde puedo obtener información acerca de los beneficios por incapacidad?"

♦ "¿Cómo solicito los beneficios del Seguro Social? He oído que puede ser difícil."

♦ "Me he enterado que una esposa divorciada puede reclamar beneficios de la cuenta de su ex esposo. ¿Es verdad?"

♦ "¿Puede mi suegra recibir Medicaid si nunca ha trabajado?"

♦ "Mi mamá falleció recientemente y estaba recibiendo prestaciones del Seguro Social. Puesto que aún soy estudiante universitario a tiempo completo, ¿Puedo recibir el Seguro Social suplementario?"

♦ "¿Puedo pedir prestaciones a través del Internet?"

Ya sea que sus preguntas tengan que ver con el proceso de obtener beneficios o con cuánto dinero debería estar recibiendo, este libro responde a todas sus preguntas.

- 1-57248-187-0
- 8½ x 11
- 176 páginas
- $21.95

Si ha sido víctima de un crimen recién, ha comenzado a involucrarse con el Sistema Judicial. Como víctima de un crimen tiene ciertos derechos y obligaciones dentro del Sistema de Justicia Criminal, y fuera del proceso criminal tiene oportunidades para buscar justicia, a través de litigios en la Corte Civil.

Este libro le proporciona direcciones útiles de correo electrónico y de sitios Web y le explica el sistema legal, sus derechos y obligaciones relacionados con los siguientes temas:

♦ Reporte de un crimen

♦ Búsqueda de ayuda emocional y médica

♦ Protección de sus derechos de privacidad

♦ Conocimiento de los procedimientos de investigación policial

♦ Arresto del delincuente

♦ Presentación de cargos criminales

♦ Mapa de la criminalidad

♦ Protección personal y de su familia de acoso ilegal

♦ Procedimientos antes del juicio

♦ Testimonios en el juicio

♦ Testimonios en la sentencia

♦ Obtener compensación como víctima del crimen

- 1-57248-147-1
- 8½ x 11
- 232 páginas
- $24.95

Un divorcio puede ser la experiencia más costosa y dolorosa de su vida. Ya sea que usted decida contratar a un abogado o no, protéjase enterándose de toda la información que necesita saber sobre las leyes de divorcio y sus derechos legales.

Como Solicitar su propio Divorcio simplifica y explica plenamente todo lo necesario para que sepa conducir su propio divorcio con éxito dentro los 50 estados, el Distrito de Columbia, y Puerto Rico.

Completo con instrucciones a seguir paso a paso e incluyendo los formularios que usted necesita, este libro hace que el hecho de presentar su demanda de divorcio sea menos confuso y más económico.

- 1-57248-186-2
- 6 x 9
- 256 páginas
- $18.95

Sus beneficios del Seguro Social pueden ser fundamentales para su bienestar. Escrito por un abogado y ex representante de la Administración de Seguro Social, el Manual de beneficios del Seguro Social le proporciona toda la información fidedigna necesaria para comprender en qué consisten sus beneficios y aprovecharlos al máximo. Este libro explica lo siguiente:

♦ Trámites ante la Administración de Seguro Social
♦ Requisitos de elegibilidad
♦ Cómo obtener Medicare
♦ Qué se entiende por incapacidad
♦ Disposiciones sobre la incapacidad
♦ Cómo solicitar beneficios
♦ Qué hacer cuando no llega su cheque
♦ Disposiciones respecto a los sobrepagos
♦ Derecho con cargo a más de una cuenta
♦ Lista de deducciones
♦ Presentación de apelaciones

- 1-57248-400-4
- 6 x 9
- 224 páginas
- $16.95

Desde el comienzo del proceso de inmigración hasta la naturalización, *Inmigración y ciudadanía en los EE.UU. Preguntas y Respuestas* le provee indicaciones muy fáciles para comprender, sino todas, muchas de las preguntas relacionadas con temas de inmigración y ciudadanía que ocasionalmente usted pudiera tener.

Si usted está realizando el proceso para inmigrar a los Estados Unidos de América o planea visitar los Estados Unidos ya sea por trabajo, placer o estudios, *Inmigración y Ciudadanía en los EE.UU. Preguntas y Respuestas* le facilita la comprensión del proceso para poder obtener su solicitud satisfactoriamente.

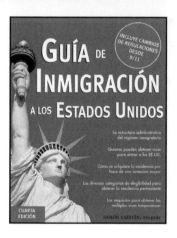

- 1-57248-475-6
- 8½ x 11
- 248 páginas
- $24.95

¿Tiene usted parientes o amigos que desean inmigrar a los Estados Unidos? ¿Esta usted considerando hacer una inversión comercial o el estreno de una sucursal de su empresa en los Estados Unidos? No es fácil entrar a los EE.UU. Se require cumplir con diversos y complejos reglamentos. Si el solicitante desconoce los requisitos del régimen administrativo, es muy probable que no consiga ingresar a los EE.UU.

La *Guía de Inmigración a los Estados Unidos* le ayudará comprender las leyes EE.UU. para que pueda completar su solicitúd en forma correcta. La GUíA contiene tanto las instrucciones detalladas como los formularios requeridos. Este libro le facilitará el proceso complejo de inmigración a los Estados Unidos.

Este libro explica en terminología sencilla lo siguiente:

- ◆ La estructura administrativa del régimen inmigratorio de los EE.UU.
- ◆ Quiénes pueden obtener visas para entrar a los EE.UU.
- ◆ Las diversas categorias de elegibilidad para obtener la residencia permanente
- ◆ Como adquirir la residencia por base de una inversión mayor
- ◆ Los requisitos para obtener las diversas visas temporáneas y más...

LEGAL SURVIVAL GUIDES®

ESCRITO POR UN ABOGADO

EXPLICACIONES SENCILLAS
DE LA LEY EN ESPAÑOL

INCLUYE FORMULARIOS
E INSTRUCCIONES

GUÍA ESENCIAL
para
los CONTRATOS
de
ARRENDAMIENTO
de
Bienes Raíces

Incluye:
• Contratos de arrendamiento para vivienda
• Lenguaje alternativo de los contratos
• Contratos para propietarios e inquilinos
• Formularios en bienes, en español y en inglés

Mark Warda
Abogado

Marta C. Quiroz-Pecirno
Traductora

- 1-57248-253-2
- 8½ x 11
- 264 páginas
- $22.95

¿Sabe usted qué es lo que acepta cuando coloca su firma al pie de un contrato de alquiler? No importa si usted es el dueño de la propiedad o el inquilino, cuando pone su firma, usted pone en juego su dinero, su crédito y su reputación.

Esta *Guía Esencial para los Contratos de Arrendamiento de Bienes Raíces* le proveerá toda la información que usted necesita para comprender y negociar contratos desde todo punto de vista. Este libro emplea un lenguaje simple para ayudarle a decodificar una gran cantidad de cláusulas y estatutos que forman los tan largos y complicados contratos que se utilizan hoy día.

En este libro se explican:

♦ Leyes federales que protegen a los inquilinos y el medio ambiente

♦ Leyes locales y estatales sobre tópicos tales como depósitos de seguridad, control de alquiler, mantenimiento y asbestos

♦ Más de cincuenta cláusulas que usted necesita entender antes de firmar cualquier documento

♦ Doce formularios preparados de antemano que usted puede adaptarlos para sus propias necesidades

- 1-57248-474-8
- 8½ x 11
- 376 páginas
- $24.95

Inmigración a los EE.UU. Paso a Paso está destinado a ayudarle a orientarse a través de los complejos y a menudo confusos tramites de inmigración. Desde las explicaciones básicas sobre los requisitos de elegibilidad a la documentación requerida, y desde la entrevista con el personal del USCIS hasta el tribunal de inmigración, esta guía ofrece la información necesaria para efectuar con éxito una solicitud de visa.

Esta guía explica lo siguiente con un vocabulario sencillo:

♦ Requisitos de elegibilidad—si usted es:

- ♦ Familiar de un ciudadano de los EE.UU.
- ♦ El prometido o la prometida de un ciudadano de los EE.UU.
- ♦ Inversionista comercial o industrial
- ♦ Trabajador no especializado
- ♦ Posible inmigrante bajo otras categorías

♦ Tramitación de las solicitudes de inmigración, incluidos los documentos requeridos, y también instrucciones para completar los formularios y solicitudes

♦ Tarjeta de residente—cómo obtenerla, cómo conservarla y qué hacer si la pierde

♦ Las leyes de inmigración actuales y su consecuencias sobre la elegibilidad

- 1-57248-148-X
- 8½ x 11
- 152 páginas
- $16.95

Sin testamento válido, los tribunales podrían adjudicar su herencia o la custodia de sus hijos a personas que usted no aprobaría. Evítele a su familia sufrimientos innecesarios dejándoles un testamento detallado, sin los gastos y tardanzas que implica contratar a un abogado. Cómo hacer su propio testamento contiene informaciones sencillas y todo lo necesario para hacer su propio testamento.

Este libro, completo, con instrucciones detalladas y los formularios necesarios, este libro le permitirá hacer su testamento de manera económica y sin complicaciones.

Este libro explica en lenguaje sencillo los siguientes aspectos:

♦ Leyes de herencia
♦ Propiedad conjunta
♦ Cuentas a pagar tras la muerte
♦ Testamentos en vida
♦ Designación de un tutor para los hijos menores de edad